GORDON
RAMSAY
solo postres

CON **ROZ DENNY**
FOTOGRAFÍAS DE **GEORGIA GLYNN SMITH**

 Planeta

Dedicatoria

Para las estrellas de mi dream team-*chefs, comedor, personal de apoyo y Carla Pastorino,*
mi asistente personal. Gracias a todos por su entusiasmo y trabajo.

Notas

• *Todas las cucharas son rasas, a menos de que se indique lo contrario.*
1 cucharadita = cucharita de 5 ml, 1 cucharada = cuchara de 15 ml.
• *El tamaño del huevo se especifica cuando es importante para la receta,*
de lo contrario, utilice un huevo grande. Recomiendo que use huevo de
rancho. Si está embarazada o pertenece a un grupo de salud vulnerable,
evite las recetas con claras de huevo crudas o huevo apenas cocido.
• *Los hornos deben precalentarse a la temperatura que se indica. Cada*
horno puede tener una temperatura de 10°C más o menos que la marcada;
familiarícese con él y use un termómetro para verificar su precisión.
El tiempo indicado es una guía aproximada; doy una descripción del color
o textura cuando es pertinente.

Directora editorial Anne Furniss
Directora de arte Helen Lewis
Editora de Proyecto Janet Illsley
Producción Sarah Tucker
Asistente de diseño Katy Davis
Asistente editorial Katie Ginn

Título original: *Gordon Ramsay's Just Desserts*
Traducción: Sonia Verjovsky y Cynthia Verjovsky Marcotte
Corrección técnica: Andrea Lehn
Formación: Beatriz Díaz Corona Jiménez

Publicado originalmente por Quadrille Publishing Limited
Primera edición: 2001

Impreso y encuadernado en China por C&C Offset Printing

Primera edición: septiembre de 2013
ISBN: 978-607-07-1664-5

contenido

introducción

La vida es incierta... cómase el postre primero

ANÓNIMO

Mi idilio con los postres comenzó como un humilde ayudante en las cocinas parisinas de Guy Savoy. En mi primera asignación estaba apretujado entre dos máquinas de sorbete. En ese tiempo no solo trataba de memorizar la *lingua cucina*, sino la *lingua* franca, una habilidad necesaria si pensaba sobrevivir a mi iniciación en la cocina clásica francesa. Esas máquinas de sorbete estaban colocadas junto a las puertas batientes que llevaban al restaurante, por lo que debía arrinconarme contra la pared durante la hora pico de servicio. Así que rápidamente mejoré tanto mis habilidades culinarias como las lingüísticas.

Y vaya que aprendí. El menú de Guy Savoy tenía tantos postres como entradas y platillos principales, debido a su entrenamiento inicial como chef repostero en el restaurante Troisgros. Después del primer mes —un periodo importante en el que aprendí a golpes, literalmente— comencé a disfrutar lo que hacía. Mejoré mi francés y en un mes me ascendieron para que dirigiera la sección de repostería los sábados por la noche, en ausencia del chef titular. *Quel honneur!*

Los chefs reposteros ocupan un lugar muy especial en la jerarquía de las cocinas de altos vuelos, así que eso me hizo sentir importante. Fue un honor que tomé muy en serio. Los chefs reposteros trabajan el último turno, que en general comienza a las 13:30 horas y termina muy tarde, mucho después de que acaba el servicio nocturno. Sin embargo, estaba tan ansioso por que todo saliera bien que llegaba a las nueve de la mañana.

Puedo afirmar que el 95% de los comensales en mi restaurante en Chelsea decide comer postre; es una cifra impresionante. Un favorito permanente es la gelatina de naranja sanguina servida con helado de azahar y un pastelito *financier* al lado, un postre ligero y lleno de sabor. Valoro mis habilidades reposteras con la misma seriedad que el resto de mi cocina. Asar correctamente las frutas es tan importante como asar un filete de rodaballo o unas chuletas de cordero.

Como la mayoría de los chefs, siento nostalgia por los pudines que me traen felices recuerdos de la infancia, de aquellos que mi madre solía servir. Así que le dediqué un capítulo a ellos, dándole a cada uno un giro único para traerlos plenamente al siglo XXI. Mi arroz con leche se hace con un fragante arroz tailandés y se sirve con mango. Mi *crumble* se prepara con fruta asada en sartén, aromatizada con vainilla, y con una cubierta crujiente y ligera. Algunos postres son un plato único que no necesita ser acompañado por nada, otros, son mejores si se les añade natilla, helado casero o crema espesa y suave.

Ya que los postres son festivos, incluyo también algunas ideas divertidas. Mis piñas *baby* asadas y la *pannacotta* cuajada suavemente, con un tambaleo sensual, lo harán sonreír. Los intrépidos gozarán al preparar un postre múltiple: gratín cubierto de sabayón (*zabaglione*), *pannacotta* y *soufflé* caliente de frambuesa; todo servido en un solo plato, en una versión miniatura. Hacerlos no es tan difícil como suena, ya que dos son fríos y se preparan con antelación.

Quisiera pensar que en este libro incluí algo especial para cada uno. Como mínimo, lo animo a dominar unos cuantos clásicos sencillos, quizá las frutas asadas, la crema inglesa, la *ganache* de chocolate para trufas, y posiblemente las pequeñas tartas de caramelo que preparé para algunos jefes de estado como Tony Blair y Vladimir Putin.

Al final, los postres son puro placer... disfrute.

fruta

ALMÍBARES

Los almíbares saborizados, *coulis* de fruta y glaseados son los aderezos por excelencia en el mundo de los postres. Impregnan y dan sabor a una gran variedad de recetas. La base de todas mis "infusiones" frutales es un simple almíbar. Siempre tengo un poco a la mano en el refrigerador –un chorrito levanta el sabor de la más simple de las frutas– y se puede guardar hasta por 1 mes. Puede impartirle más carácter al almíbar si agrega especias enteras u otros saborizantes mientras se enfría.

Almíbares saborizados

Prepare un tanto de Almíbar simple (página 200) y sepárelo en porciones de 250 ml para saborizar cada uno por separado. (Reserve un poco de almíbar simple). Añada al almíbar los sabores de su elección justo después de hervir y reserve para dejar en infusión.

Si el jarabe se infunde con hierbas frescas, deberán retirarse antes de guardarlo; las especias enteras y la vainilla se pueden dejar para obtener un sabor más fuerte. Guarde en el refrigerador el almíbar en un frasco con taparrosca o en una botella. Se conserva hasta por 3 o 4 semanas.

Elija entre los siguientes:

Para cada uno se necesitan 250 ml de Almíbar (página 200):

ESPECIADO Agregue 1 rajita de cáscara de limón amarillo, ½ cucharadita de pimienta negra en grano, 1 anís estrellado, 1 rajita de canela y 1 clavo de olor.

VAINILLA Agregue 1 vaina de vainilla, cortada a lo largo.

CÍTRICOS Agregue 1 rajita larga y ancha de cáscara de naranja, limón amarillo, y limón verde o toronja.

MENTA, ALBAHACA O TOMILLO Agregue 1 rajita de cáscara de limón amarillo, más 2 ramitos grandes de menta, albahaca o tomillo frescos.

TÉ DE LIMÓN Agregue 1 tallo grande de té de limón fresco, cortado a lo largo, más 1 rajita de cáscara de limón verde.

JAMAICA Agregue 2 cucharadas de flores de Jamaica o 2 bolsas de té de rosa mosqueta y jamaica.

CAFÉ Agregue 2 cucharaditas de granos de café tostado, más 1 cucharada de ron blanco si lo desea.

LICOR Agregue 2 a 3 cucharadas de su favorito –los míos son Malibu, Kahlúa y Amaretto–, o puede saborizar con Grand Marnier, kirsch, brandy o ron.

COULIS Y GLASEADOS

Son simplemente purés de fruta fresca diluidos con almíbar, para usar como salsas ligeras (*coulis*) o para verter a cucharadas sobre frutas rebanadas en flanes o ensaladas de frutas (como glaseados). Usted puede variar los sabores al utilizar distintos almíbares. La mayoría de las frutas pueden usarse crudas para preparar un puré, pero algunas primero habrá que cocinarlas ligeramente. La fruta debe estar madura, pero no en exceso o el *coulis* no tendrá un sabor fresco. Licue la fruta con una cantidad pequeña de almíbar en un procesador de alimentos o licuadora hasta obtener una consistencia uniforme y aguada. Pase por un colador, presionando la mezcla con la parte posterior de un cucharón. Congele en moldes para hacer hielo lo que no necesite de inmediato.

Inundar un plato con *coulis*

Las rebanadas de fruta, *parfait*, tarta, etcétera, lucen atractivas si las sirve sobre *coulis*. De ser posible, utilice platos poco profundos para que el *coulis* se extienda en el fondo. Vacíe el *coulis* en una jarra y vierta 4 o 5 cucharadas en el centro de cada plato. Golpee la orilla suavemente para nivelar el *coulis*.

Napar con una salsa de frutas

Usamos este término para describir cuando se glasea o recubre con salsa algún alimento como la fruta. Tome 1 cucharada grande de *coulis*, sosténgala muy de cerca sobre el alimento, después incline ligeramente la cuchara para que la salsa fluya hasta cubrir la superficie y lo "nape".

COULIS DE FRESA Prepare un puré con 250 g de fresas limpias y 1 chorrito de jugo de limón amarillo. Licue con 4 cucharadas de Almíbar de jamaica, té de limón o menta (ver página anterior). Pase por un colador.

COULIS DE KIWI Pele 4 kiwis, añada un chorrito de jugo de limón verde y hágalos puré. Agregue 4 o 5 cucharadas de Almíbar de té de limón (ver página anterior) y licue. Pase por un colador.

COULIS DE MANGO Pele y pique 2 mangos medianos maduros. Licue con 4 cucharadas de Almíbar especiado o de cítricos (ver página anterior) y 1 cucharada de jugo de limón amarillo o de naranja. Pase por un colador. Una cucharadita de agua de azahar realzará el sabor.

COULIS DE FRAMBUESA Licue 250 g de frambuesas maduras con 4 cucharadas de Almíbar de té de limón, especiado o de menta (ver página anterior). Puede agregar 1 chorrito de Drambuie, si lo desea. Cuele para quitar las semillas.

COULIS DE MARACUYÁ Corte a la mitad 4 maracuyás maduros y con una cuchara saque la pulpa y las semillas, coloque en una licuadora. Agregue 6 cucharadas de Almíbar simple (página 200) o de cítricos (ver página anterior) y licue por un rato, hasta que estén bien molidas las semillas. Pase por un colador. Este *coulis* es bastante intenso, así que quizá prefiera mezclarlo con puré de fresa o rebajarlo con un poco de jugo fresco de naranja.

COULIS DE CIRUELA O CEREZA Deshuese unos 200 g de ciruelas o cerezas. Licue agregando 4 cucharadas de Almíbar especiado (ver página anterior) o simple (página 200). Pase por un colador. Puede agregar una cucharada de brandy o kirsch.

COULIS DE NARANJA Y TORONJA ROSA Exprima el jugo de 4 naranjas grandes y 1 toronja rosa, cuele y vierta en una olla pequeña. Agregue un ramito de menta fresca y hierva hasta reducir a un tercio. Remueva la espuma que suba a la superficie. Agregue 1 o 2 cucharaditas de azúcar refinado. Aparte mezcle $3/4$ de cucharadita de maicena (fécula de maíz) con 1 cucharada de agua fría hasta obtener una pasta uniforme; agregue al jugo de cítricos y mezcle. Regrese al fuego y mezcle hasta espesar. Enfríe; mezcle una o dos veces. Deseche el ramito de hierbas.

COULIS DE GROSELLA NEGRA (CASIS) Limpie 250 g de grosella negra. Hierva a fuego lento con 6 cucharadas de Almíbar simple (página 200) y 1 ramito de menta fresca hasta ablandar; enfríe. Deseche la menta y licue. Pase por un colador.

COULIS DE RUIBARBO Pique 300 g de ruibarbo y cocine con 6 cucharadas de Almíbar simple (página 200) hasta ablandar. Enfríe y licue, después pase por un colador. Para obtener un intenso color rosa, añada una cucharadita de granadina.

COULIS DE MANZANA O PERA Corte en cuatro, descorazone y rebane 400 g de fruta, sin pelar. Cocine con 3 cucharadas de Almíbar simple (página 200) o especiado (página 10), y 1 buen chorro de jugo de limón amarillo. Enfríe, licue y pase por un colador.

En mis restaurantes también servimos un *jus* ligero de Granny Smith como *coulis*. Se hace con un puré de manzana Granny Smith recién picadas, realzadas con 1 cucharadita de jugo de limón amarillo; después se pasan por un colador, presionando con la parte posterior de un cucharón para extraer la mayor cantidad posible de jugo.

Salsa de mango y menta

PARA PREPARAR UNOS 300 g
1 mango grande, recién cortado
2 cucharadas de Almíbar simple (página 200)
1 cucharada de jugo de limón amarillo
2 cucharadas de menta fresca picada

Esta salsa de fruta consistente y agridulce es maravillosa con helados cremosos. Me gusta especialmente servirla con *Parfait* de turrón (página 67). Se puede guardar en el refrigerador hasta por 2 días.

1 Pele el mango y corte la pulpa, separándola del hueso. Pique finamente.
2 Mezcle en un bol el almíbar con el jugo de limón amarillo. Agregue el mango y revuelva rápidamente. Añada la menta picada justo antes de servir.

Cerezas marinadas

Pueden tener tantos usos que las preparamos en abundancia cuando se encuentran fácilmente en el mercado a un precio razonable, por ejemplo a finales del verano. Adoro las cerezas inglesas de color rojo claro, pero puede utilizar las estadounidenses o chilenas de color rojo oscuro. Obviamente, las cerezas son más maleables si se deshuesan antes de macerarlas. Tómese su tiempo para hacerlo y asegúrese de tener un buen deshuesador de cerezas.

1 Deshuese las cerezas sobre una olla para recoger el jugo y no desperdiciarlo. Coloque dentro las cerezas y hierva por 2 minutos. Retire del fuego y agregue el kirsch, mezclando.
2 Con una espumadera pase las cerezas calientes a un frasco tibio de conservas y llene con el almíbar caliente. Selle y guarde en un lugar fresco y oscuro hasta por 2 meses. Use a medida que lo necesite.

Variación

Para cerezas recién marinadas, prepare un *Coulis* de grosella negra (ver página anterior) y agregue 2 o 3 cucharadas de kirsch. Deshuese unos 300 g de cerezas frescas y coloque en un recipiente. Lleve el *coulis* a hervor en una olla, vierta sobre las cerezas y deje enfriar. Cubra y refrigere hasta que esté listo para servir.

PARA PREPARAR UNOS 350 g
500 g de cerezas maduras
350 ml de Almíbar especiado (página 10)
    o simple (página 200)
2 a 3 cucharadas de kirsch

Frutos macerados

En el restaurante marinamos frutos secos en ron caliente y almíbar para usarlos de diferentes maneras. Uno de mis usos favoritos es agregarlos a un Helado clásico de vainilla o cardamomo (páginas 57-58). No necesitará toda la receta para una porción de helado, puede conservar los frutos restantes en el almíbar y guardarlos en el refrigerador, listos para usarlos cuando sea necesario. También puede mezclarlos con yogurt griego.

Macere los frutos por lo menos 24 horas antes de usarlos. Podrá conservarlos hasta por 4 semanas en refrigeración.

1 Coloque todos los frutos en una olla grande con el ron oscuro y blanco, y el almíbar. Lleve lentamente a hervor, retire del fuego y deje enfriar.
2 Vierta en un frasco grande y limpio con taparrosca. Los frutos deben macerarse por al menos 24 horas antes de su uso.

PARA PREPARAR UNOS 700 g
500 g de pasitas
100 g de pasas sultanina
100 g de pasas moscatel
500 ml ron oscuro
100 ml ron blanco
150 ml de Almíbar simple (página 200)

COMPOTAS

Una compota es un simple puré espeso hecho de fruta cocida o cruda que se usa como base para las tartas de fruta, para agregar una cucharada en un *soufflé* caliente, o para colocar en vasos pequeños varias capas con helado de fruta o yogurt. Es, en esencia, un puré elegante. Un consejo que aprendí de Guy Savoy en París es que se debe usar fruta un poco pasada de maduración, ya que los azúcares naturales estarán en su punto y la compota necesitará poco endulzamiento adicional, o ninguno. Sobra decir que es un uso excelente para una fruta que está un poco pasada para rebanar o picar. Las porciones dependerán de cómo vaya a utilizar la compota.

Me gusta ofrecer las compotas en vasitos tequileros o pequeñas copas. Para servir, coloque una cucharada sopera en cada copa y encima sirva un poco de yogurt griego ligeramente endulzado. Finalmente decore con unas virutas de sorbete de fruta o *granita*, o una capa ligera de crema, o quizás un trocito de panal de abeja con miel. Sugiera a sus invitados meter las cucharas hasta el fondo del vaso, para saborear las tres capas a la vez.

Compota de chabacano

PARA PREPARAR UNOS 400 ml
500 g de chabacanos maduros
25 g mantequilla
2 cucharadas de azúcar refinado
2 anises estrellados

1 Corte los chabacanos a la mitad y descorazónelos, después corte en cuatro. Derrita la mantequilla con el azúcar en una olla de fondo grueso a fuego lento, y cocine hasta que tome un color caramelo claro.

2 Agregue los chabacanos y los anises. Cubra con un trozo de papel para hornear húmedo y estrujado. (Esto permitirá que escape parte del vapor, para que la fruta se saltee en lugar de estofarla.) Cocine a fuego medio de 10 a 15 minutos, hasta que se suavice. Deseche el anís.

3 Retire del fuego y use una licuadora de mano dentro de la olla hasta obtener un puré. (O licue en un procesador de alimentos o licuadora.) Deje enfriar y refrigere hasta que esté listo para usarlo.

SIRVA EN PEQUEÑOS VASOS CUBIERTOS DE CREMA DE LIMÓN VERDE Y AMARILLO (PÁGINA 52), Y DECORE CON UNA JULIANA DE CÍTRICOS CONFITADA (PÁGINA 47)

Compota de pera y azafrán

PARA PREPARAR UNOS 400 ml

100 ml de licor de pera

3 peras grandes y maduras, como las Bosc, Anjou o Barlett, unos 600 g en total

25 g de mantequilla

3 cucharadas de azúcar refinado

¼ de cucharadita de hilos de azafrán, machacados

Las peras jugosas y perfumadas, acentuadas con un toque de azafrán, hacen una excelente compota. La Crema de limón verde y amarillo (página 52) las acompaña a la perfección.

1 Hierva el licor en una olla pequeña hasta reducirlo a la mitad, después reserve para que se enfríe (ver nota).

2 Corte en cuartos, descorazone y pele las peras, pique en trozos grandes. Derrita la mantequilla y el azúcar en una olla a fuego lento y cocine hasta obtener un color caramelo claro. Agregue las peras y el azafrán machacado, mezclando rápidamente, y cocine sin cubrir por unos 5 minutos.

3 Cubra la fruta con un trozo de papel para hornear húmedo y estrujado (en vez de usar una tapa, para que el vapor pueda escapar). Cocine a fuego medio por unos 10 minutos más, hasta que las peras se ablanden.

4 Retire del fuego y licue con el licor hasta obtener un puré, ya sea en la olla con una licuadora de mano, o utilizando un procesador de alimentos o licuadora. Enfríe y use como lo requiera.

Nota: Puede usar 50 ml de licor Poire Williams en vez del licor de pera reducido.

Compota de manzana y arándano

PARA PREPARAR UNOS 400 ml

500 g de manzanas, como las Granny Smith o Braeburn

40 g de mantequilla

3 cucharadas de azúcar refinado

1 rajita de canela

125 g de arándanos frescos o congelados

Me gusta usar este puré ligeramente ácido como base para flan de manzana. Tiene un lindo tono rosado y también es bueno combinado en capas con yogurt y un poco de crema, para servir como un postre ligero en las fechas decembrinas. Las manzanas Granny Smith y Braeburn tienen un buen balance entre lo dulce y lo ácido, aunque quizá quiera usar un poco más de azúcar si le parecen demasiado ácidas.

1 Pele las manzanas, corte en cuatro, descorazone y corte en trozos. Caliente la mantequilla y el azúcar en una cazuela de fondo grueso a fuego lento hasta obtener un color caramelo claro. Agregue las manzanas, mezclando, añada la rajita de canela, y cocine por 5 minutos, sin cubrir.

2 Integre los arándanos, mezcle, y cubra la superficie con una hoja de papel encerado húmedo y estrujado. Cocine por 10 minutos más, hasta reblandecer.

3 Deseche la rajita de canela, después licue en la cazuela con una licuadora de mano, o utilice un procesador de alimentos o licuadora. Enfríe y use a medida que la requiera.

FORME CAPAS ALTERNANDO CON YOGURT ESPESO Y CREMA

SOPAS DE FRUTA

Ya que se sirven frías como un postre ligero, estas recetas pueden ser una grata sorpresa. Básicamente son purés ligeros, adornados con fruta rebanada o picada, y quizás una pequeña cucharada de helado cremoso o refrescante sorbete en el centro. El Helado clásico de vainilla (página 57) complementa a todas las sopas, por supuesto. El Sorbete de *fromage frais* (página 76) y el de toronja rosa (página 78) son buenos para limpiar el paladar.

Sopa de durazno con menta o melisa

En pleno verano prefiero usar duraznos blancos en mi cocina, pues están en su punto. Pero sé que no siempre es posible conseguirlos, así que uso cualquier variedad que esté disponible, incluidas las nectarinas. Esta sopa tiene una base de almíbar y champaña, rebajada con un poco de licor de durazno. Unas frambuesas frescas o fresas rebanadas esparcidas por encima proporcionan un contraste delicioso. Como una floritura final, añada 1 cucharada de helado o sorbete.

4 A 6 PORCIONES

6 a 8 duraznos maduros, dependiendo del tamaño

400 ml de Almíbar ligero (página 200)

200 ml de champaña, o vino blanco espumoso

1 rajita de canela

2 clavos

2 ramitos grandes de menta fresca o melisa

2 cucharadas de licor de durazno (opcional, pero altamente recomendado)

3 cucharadas de crema para batir (en todos los casos se refiere a la *double cream* que se utiliza en repostería, excepto donde se indique)

125 g de frambuesas o fresas pequeñas rebanadas, para servir

1 Corte los duraznos y descorazone. Coloque en una olla grande y vierta el almíbar y champaña o vino. Agregue la rajita de canela y clavos. Lleve a hervor lentamente, después cubra parcialmente y deje hervir a fuego lento por unos 18 minutos, hasta que la fruta esté apenas blanda.

2 Retire del fuego y agregue la menta o ramitos de melisa, mientras revuelve. Reserve para que se enfríe y macere.

3 Deseche la canela, clavos y ramitos de hierbas. Cuele la fruta y reserve el líquido.

4 Licue la fruta hasta obtener una mezcla homogénea. Agregue un poco del líquido reservado, mezclando lentamente, hasta obtener la consistencia de una sopa aguada; es posible que no necesite agregarlo todo. Si decide usar el licor de durazno, agréguelo mientras licua, después añada la crema. Cuele y deje enfriar antes de servir.

5 Sirva la sopa en 4 platos fríos y añada una cucharada de frambuesas o fresas en el centro.

EXCELENTE CON UNA CUCHARADA DE SORBETE DE FRESAS (PÁGINA 72) O SORBETE DE *FROMAGE FRAIS* (PÁGINA 76)

Sopa de fresa con pimienta negra

4 A 6 PORCIONES
1 kg de fresas maduras, sin tallos
1 cucharada de azúcar refinado
1 vaina de vainilla
3 hojas de menta
1 cucharada de azúcar glas, cernida
1 a 2 cucharaditas de pimienta negra molida toscamente o quebrada

Esta sopa ligera y transparente de jugo de fresa se podría describir como un consomé de fruta. Pero ¿es un primer plato o un postre? La respuesta es que puede ser las dos cosas, aunque para un primer plato no recomiendo usar helado encima. Es una buena receta para preparar cuando las fresas de producción local están en su punto y a un precio razonable. Así como el melón se puede acentuar con el efecto intenso del jengibre, las fresas obtienen un golpe de sabor al añadirles pimienta negra.

1 Reserve un tercio de las fresas, eligiendo las más firmes.
2 Pique el resto de la fruta y coloque en un refractario grande, colocado sobre una olla con agua hirviendo a fuego lento (al baño María). Espolvoree encima el azúcar refinado. Corte la vaina de vainilla a lo largo, saque las semillas y añádalas a la fruta junto con las hojas de menta.
3 Cubra el recipiente con película autoadherente y manténgalo sobre la olla de 30 a 40 minutos. Esto hace que las fresas suelten su jugo. Retire del fuego, deje enfriar y refrigere de 2 a 3 horas.
4 Pase lentamente el jugo por un colador fino, sin frotar la pulpa, 30 minutos antes de servir. Mientras tanto coloque las fresas reservadas en un plato llano, espolvoree con el azúcar glas y deje hasta que "sangren".
5 Divida las fresas en 4 platos hondos fríos. Espolvoree ligeramente con pimienta y vierta el jugo frío alrededor.

FABULOSO SI LO CUBRE CON UNA CUCHARADA DE HELADO DE CHOCOLATE Y TOMILLO (PÁGINA 61), COMO SE ILUSTRA, O CON SORBETE DE *FROMAGE FRAIS* (PÁGINA 76)

Sopa de ciruela con anís estrellado

4 PORCIONES
500 g de ciruelas rojas maduras
300 ml de Almíbar ligero (página 200)
1 rajita de canela
2 anises estrellados

Adoro el color granate de esta sopa. Prepárela durante el otoño con ciruelas de producción local que hayan madurado en el árbol. En otra estación las ciruelas pueden ser toda una decepción, muy bonitas pero sin sabor.

1 Reserve un cuarto de la ciruelas más firmes.
2 Parta, descorazone y rebane el resto de la fruta, y coloque en una olla. Vierta el almíbar y agregue la canela y anís estrellado. Lleve a hervor, después retire del fuego y deje enfriar.
3 Deseche las especias enteras, licue la fruta y el almíbar hasta obtener una mezcla homogénea. Pase por un colador, presionando la mezcla con la parte posterior de un cucharón. Enfríe.
4 Parta, descorazone y rebane las ciruelas reservadas. Vierta la sopa en 4 platos hondos y añada las rebanadas de ciruela.

SIRVA POR ENCIMA HELADO DE VAINILLA O CARDAMOMO (PÁGINAS 57-58), O ROCÍE CREMA LÍQUIDA

ENSALADAS DE FRUTA

Los postres de fruta van con mi estilo. Son ligeros y vigorizantes, con un buen balance de acidez y dulzura. Es mejor servir de manera sencilla la fruta para apreciar su belleza pura. Una selección de fruta fresca aderezada ligeramente con almíbar, puede ser un postre vistoso y refrescante. Tome en cuenta los colores y formas: los frutos con tonalidades similares hacen ensaladas llamativas —como una combinación de frutos verdes, cítricos, moras rojas, o variedades tropicales anaranjadas y doradas— y puede añadirles un toque de contraste.

Moras rojas con almíbar de jamaica y albahaca

4 PORCIONES
150 ml de Almíbar ligero (página 200)
1 cucharada de jugo de limón amarillo
1 cucharadita de flores de Jamaica
2 hojas grandes de albahaca fresca
300 g de frambuesas pequeñas
125 a 200 g de fresas silvestres o muy pequeñas, sin tallos
hojas diminutas de albahaca fresca, para servir

REALMENTE REFRESCANTE SI SE SIRVE CON SORBETE DE *FROMAGE FRAIS* (PÁGINA 76) O DE TORONJA ROSA (PÁGINA 78)

Las fresas silvestres son exquisitas combinadas con frambuesas frescas en un almíbar de un profundo rojo rubí, aromatizadas con flores de Jamaica. Las fresas silvestres son caras, pero pueden crecer incluso en el jardín más pequeño de la ciudad, así que considere plantar unas macetas; salen año tras año. Y en cuanto a la albahaca, combina muy bien con los frutos rojos.

1 Lleve el almíbar casi a hervor y agregue el jugo de limón amarillo, mezclando, así como las flores de Jamaica y las hojas de albahaca. Retire del fuego y deje en infusión unos 20 minutos. Cuele y reserve hasta que la requiera.
2 Unos 10 minutos antes de servir, coloque las frambuesas y fresas en un recipiente, agregue el almíbar infundido y mezcle con cuidado o la fruta se desbaratará. Deje macerar por 10 minutos.
3 Sirva en platos hondos individuales, con hojas de albahaca encima.

Ensalada de melón a la menta

Una selección de melones, en bolitas y acentuados con un almíbar de clavo y menta, son un postre maravillosamente refrescante para un caluroso día de verano. También es bueno para un *brunch* especial. La diversidad de melones crea una variación sutil en sabores, dulzura y color. Para comprobar que la fruta está madura es necesario presionar suavemente con el pulgar en el extremo del tallo y oler. Compre los melones con unos cuantos días de anticipación, cuando están perfumados pero bastante firmes, déjelos madurar al lado de un racimo de plátanos.

1 Caliente el almíbar en una olla hasta que casi hierva. Agregue los clavos, retire del fuego y reserve para que se infunda, hasta que se enfríe.

2 Corte los melones a la mitad y elimine las semillas. Con un vaciador de pulpa corte el melón en bolas compactas y póngalas en un recipiente. Vierta encima el almíbar enfriado y macere unos 10 minutos. Deseche los clavos.

3 Triture finamente las hojas de menta y agregue a la ensalada de melón. Mezcle y reserve 5 minutos más, después sirva.

4 A 6 PORCIONES

200 ml de Almíbar ligero (página 200)

2 clavos

1 melón verde, pequeño

1 melón cantaloupe, pequeño

1 rebanada de sandía, de unos 400 g

6 a 8 hojas grandes de menta

LLAMATIVA SI SE ESPARCEN POR ENCIMA VIRUTAS DE *GRANITA* DE TÉ DE LIMÓN (PÁGINA 82), COMO SE ILUSTRA

Ensalada exótica de fruta con coco fresco

En general no soy un entusiasta de los colores contrastantes en las ensaladas de fruta, pero esta hará sentir a sus invitados en el trópico. Escoja ya sea el almíbar de cítricos o especiado, y agregue un buen chorro de ron, o angostura para tener un acento menos alcohólico. Consiga un coco fresco, a veces los puede encontrar en el supermercado. Abra el coco con un martillo y ralle un poco de la pulpa para colocar por encima de la ensalada.

1 Mezcle el almíbar saborizado frío con el ron o el amargo de angostura.

2 Prepare las frutas; pele, descorazone y elimine las semillas, según sea necesario. Corte o rebane la fruta en pequeños bocados, pero no los corte del mismo tamaño, aproveche la forma de cada fruta. Coloque en un bol.

3 Añada el almíbar, mezcle y deje macerar por unos 20 minutos. Mientras, retire la corteza del coco y ralle toscamente de 3 a 4 cucharadas de pulpa.

4 Al servir esparza la ralladura de coco sobre la ensalada.

6 PORCIONES

300 ml de Almíbar ligero especiado o de cítricos (página 10), frío

3 a 4 cucharadas de ron blanco, o unos cuantos chorritos de amargo de angostura

1 piña mediana

1 mango

1 papaya

1 durazno grande o 2 chabacanos

1 pera asiática

1 carambola

2 kiwis

125 g de fresas

1 trozo pequeño de coco fresco

LAS *SHORTBREADS* DE COMINO (PÁGINA 172) Y LOS DEDOS DE NOVIA (PÁGINA 174) SON IDEALES PARA ACOMPAÑAR

Plátanos en jarabe de caramelo y ron

4 PORCIONES
150 g de azúcar refinado
230 ml de agua
1 limón amarillo, jugo
2 a 3 cucharadas de ron blanco o Malibu
1 vaina de vainilla
1 rajita de canela
1 anís estrellado
4 plátanos grandes, apenas maduros

Plátanos macerados en un intenso almíbar con acentos de vainilla y especias. Para un golpe vivaz, sugiero agregar ron blanco o mi favorito: Malibu. Cierre los ojos e imagine que está en una playa tropical. Elija plátanos firmes, que apenas maduraron.

1 Coloque el azúcar y 2 cucharadas de agua en una olla grande y poco profunda a fuego lento, mezcle una o dos veces hasta disolver. Cuando el almíbar esté transparente, aumente el fuego y cocine hasta obtener un caramelo ligero, unos 5 minutos.

2 Retírelo de inmediato del fuego, deje enfriar por 2 minutos. Agregue el jugo de limón amarillo, mezcle con cuidado ya que puede salpicar un poco. Agregue el ron o Malibu y los 200 ml restantes de agua, mezclando. Corte la vaina de vainilla a lo largo y añada al almíbar junto con las especias enteras.

3 Pele los plátanos y corte en dos a lo largo. Coloque en una sola capa sobre la charola y con una cuchara vierta el jarabe de caramelo encima para bañarlos bien.

4 Deje macerar por 40 minutos antes de servir. Puede acompañar con una *Crème fraîche* de sabores, por ejemplo de té de limón o de jengibre (página 50).

JALEAS

Las confecciones simples con fruta fresca y jugo natural, colocadas simplemente en platos transparentes de cristal, son postres que hacen agua la boca. Mis jaleas no son para moldear, porque las prefiero con un cuajado ligero. Si prefiere que cuajen en terrinas o recipientes individuales para desmoldar, entonces aumente la cantidad de grenetina en aproximadamente un cuarto.

Todas las jaleas y terrinas que preparo en la cocina de mi restaurante se cuajan con grenetina en hoja, porque es más fácil de usar que la grenetina en polvo. Puede comprarla en hoja en supermercados selectos y tiendas delicatesen. Considere de 4 a 5 hojas de grenetina por 500 ml de líquido total, dependiendo de los otros ingredientes que se incluyen. Por ejemplo, si una receta incluye crema batida, no necesitará tanta grenetina.

La grenetina no puede ser consumida por vegetarianos, ya que está hecha con proteína animal, pero existe un ingrediente vegetariano para cuajar, derivado de las algas, llamado agar-agar. Al igual que la maicena, se mezcla con líquido y se calienta suavemente, revolviendo hasta obtener una mezcla uniforme. Sin embargo, cuaja de manera distinta a la gelatina, es relativamente menos firme.

Un último detalle: la grenetina se hace de la proteína animal y se desbarata con ciertas encimas frutales como las de la piña, la papaya y el kiwi. Así que si está creando sus propias recetas de jalea, evite estas frutas, o sírvalas separadas, en un *coulis* o una ensalada. Las frutas muy ácidas también necesitarán un poco de grenetina adicional.

Para usar grenetina en hoja

1 Sumerja las hojas de grenetina en un recipiente con agua fría por unos 5 minutos para reblandecerlas (de ser necesario, rómpalas a la mitad para que entren en el recipiente).
2 Escurra las hojas de grenetina y con las manos exprima el exceso de agua.
3 Meta las hojas en el líquido caliente (siguiendo su receta) y bata vigorosamente.
4 Mezcle bien, hasta que se derrita por completo.
5 Como precaución, pase el líquido por un colador fino para asegurarse de que no queda grenetina sin disolver.

Para usar grenetina en polvo

Use 1 bolsita de 11 g por cada 500 o 600 ml del líquido total en la receta (una bolsita es más o menos equivalente a 4 o 6 hojas de grenetina). Espolvoree pequeñas cantidades en el líquido apenas hirviente, bata vigorosamente hasta disolver y que el líquido esté transparente.

Si usa más de una bolsita, necesitará suavizar los cristales primero. Coloque de 3 a 5 cucharadas de agua fría en un recipiente pequeño, espolvoree la grenetina encima y reserve durante unos 5 minutos. Para disolver, coloque el recipiente en una olla pequeña al baño María hasta que esté transparente, o en el microondas a temperatura baja. Incorpore lentamente en el líquido caliente (como indique la receta).

Jalea de fresa y champaña rosada

8 PORCIONES
600 g de fresas, sin tallos
100 g de azúcar refinado
1 limón amarillo, jugo
8 hojas de grenetina
1 botella de 75 cl de champaña rosada
    o vino espumoso rosado
2 cucharadas de licor de durazno
PARA SERVIR:
crema para batir

Este estupendo postre de verano merece una buena botella de champaña rosada. Sus burbujas agregan un lindo cosquilleo cuando muerde la suave textura que se derrite. Sarge, uno de mis entusiastas *sous-chef*, inventó la novedosa presentación. Una elección divertida para una fiesta.

1 Rebane 500 g de fresas y coloque en un refractario grande al baño María. Agregue el azúcar y el jugo de limón, mezcle.

2 Cubra el recipiente con película autoadherente y deje así por 30 o 40 minutos, revisando el agua de la olla al baño María y en la medida que sea necesario, añadir más agua hirviendo. Las frutas soltarán un perfumado jugo rosa translúcido.

3 Mientras, forre un colador grande con una manta de cielo o muselina mojada, y coloque sobre un recipiente limpio. Vierta el jugo de fresa en el colador y déjelo pasar gota a gota, sin presionar la pulpa, de lo contrario, el jugo perderá su transparencia. Deseche la pulpa.

4 Suavice las hojas de grenetina en agua fría (ver páginas 26-27). Mientras, vierta el jugo en una olla limpia y caliente hasta que esté a punto de hervor; retire del fuego. Saque la grenetina y exprima el exceso de agua, deslícela dentro del jugo caliente, bata vigorosamente hasta disolver. Pase por un colador.

5 Deje enfriar y después agregue la champaña y el licor, revuelva. Deje en reposo hasta que la jalea esté fría y a punto de cuajar.

6 Mientras, rebane los 100 g restantes de fresa. Tenga listas 8 flautas de champaña. Remoje las rebanadas de fresa en un poco de la jalea que está cuajando, y péguelas en las paredes de las copas.

7 Ahora, para hacerlo un poco divertido, para que la jalea resplandezca, bátala hasta que esté ligeramente espumosa y divídala entre los vasos. Enfríe hasta que se cuaje por completo.

8 Para servir, coloque encima una capa delgada de crema para batir, o una capa de Crema de frambuesa (página 51) y una cucharada de crema batida; sencillo es mejor.

EXQUISITA CON CREMA DE FRAMBUESA
(PÁGINA 51) Y UNA CUCHARADA DE CREMA
BATIDA POR ENCIMA

Jalea de frambuesa y té de limón

6 PORCIONES

500 g de frambuesas

100 g de azúcar refinado

1 limón amarillo, jugo

2 cucharadas de licor de frambuesa

500 ml de agua

140 ml de vino blanco seco

3 tallos de té de limón, rebanados

6 hojas de grenetina

PARA SERVIR:

crema para batir

Se prepara de la misma manera que la Jalea de fresa y champaña rosada (página 28). Necesitará usar frambuesas maduras con mucho sabor, preferiblemente de producción local.

1 Coloque las frambuesas, el azúcar, el jugo de limón amarillo y el licor en un refractario grande al baño María.

2 Cubra el recipiente con película autoadherente de 30 a 40 minutos, hasta obtener un jugo rosado y translúcido; revise el agua del baño María y, de ser necesario, añada más agua hirviendo. Pase gota a gota el jugo por un colador forrado con manta de cielo o muselina mojada, sin presionar la pulpa o el jugo perderá su transparencia. Deseche la pulpa.

3 Mientras, lleve el agua y vino a hervor en una olla. Agregue el té de limón, mezcle; retire del fuego y reserve como infusión hasta que se enfríe. Cuele el líquido y deseche el té de limón.

4 Suavice las hojas de grenetina en agua fría (ver páginas 26-27). Caliente nuevamente el jugo de frambuesa en una olla limpia hasta que esté a punto de hervor; mezcle con la infusión de vino.

5 Saque las hojas de grenetina y exprima el exceso de agua. Retire del fuego, agréguelas a la mezcla de jugo de frambuesa y bata vigorosamente hasta disolver. Pase por un colador.

6 Deje enfriar hasta que esté a punto de cuajar. Divida entre 5 copas y deje cuajar completamente.

7 Para servir, sirva por encima de cada jalea un poco de crema para batir.

USE COPAS ELEGANTES CUBIERTAS DE CREMA DE FRAMBUESA (PÁGINA 51) O CREMA BATIDA

Jalea de mora azul y tomillo

Esta jalea oscura luce muy bien si la cuaja en copas finas. También es fabulosa si la coloca en vasos altos, haciendo capas ya sea con la Jalea de fresa y champaña rosada (página 28) o la Jalea de frambuesa y té de limón (ver página anterior). Pruébelo en una ocasión especial, dándole tiempo a cada capa de cuajar antes de agregar la siguiente.

1 Coloque las moras en un refractario grande puesto al baño María a fuego lento. Agregue 50 g del azúcar y el jugo de limón amarillo.

2 Cubra el recipiente con película autoadherente y deje así de 30 a 40 minutos, revisando el agua del baño María y, en caso de ser necesario, añadir más agua hirviendo. Las frutas soltarán un jugo oscuro y transparente.

3 Mientras tanto, coloque el agua y los 25 g restantes de azúcar en una olla y disuelva a fuego lento. Agregue los ramitos de tomillo y té de limón, lleve a hervor. Retire del fuego y reserve, dejando en infusión por 1 hora. Cuele el líquido y deseche las hierbas de olor.

4 Pase el jugo de mora por un colador forrado de manta de cielo o muselina a un recipiente limpio, sin presionar la pulpa o el jugo perderá su transparencia; deseche la pulpa.

5 Suavice las hojas de grenetina en agua fría (ver páginas 26-27). Mientras tanto vierta el jugo de mora en una olla limpia y agregue la infusión de líquido; caliente hasta llevar a punto de hervor. Retire del fuego.

6 Saque la grenetina del agua fría, exprima el exceso de agua y después agregue a la mezcla de jugo caliente, batiendo hasta disolverla. Pase por un colador a un recipiente.

7 Deje enfriar hasta que esté a punto de cuajar. Divida entre varios vasos y refrigere hasta que esté completamente cuajada.

8 Para servir, coloque crema para batir encima de cada jalea.

4 A 6 PORCIONES

300 g de mora azul
100 g de zarzamoras
75 g de azúcar refinado
1 limón amarillo, jugo
500 ml de agua
3 ramitos grandes de tomillo fresco
2 tallos de té de limón, rebanados
5 hojas de grenetina
PARA SERVIR:
crema para batir

PREPARE EN VASOS ALTOS COMBINANDO CAPAS CON UNA JALEA CONTRASTANTE, O SIRVA SIMPLEMENTE CON UNA CUCHARADA DE CREMA POR ENCIMA

Jalea de naranja sanguina

4 PORCIONES
12 naranjas sanguinas
1 toronja rosa
4 hojas de grenetina
4 cucharadas de Almíbar simple
   (página 200)
2 cucharadas de Campari
PARA SERVIR:
crema para batir

Este es el favorito en mi restaurante durante el verano, en especial de las damas. Las naranjas sanguinas tienen un sabor único, y sus bonitos gajos —colocados en una jalea ligera hecha con su jugo— lo hacen un postre impactante. Colocamos estas jaleas en atractivas copas cocteleras y las servimos con Helado de agua de azahar (página 59) y 1 chorrito de *Coulis* de maracuyá (página 11). Aquí se cubren simplemente con un chorro de crema, y se sirven con un *Financier* (página 173) al lado.

1 Corte la cáscara de 2 naranjas en tiras delgadas. Pele y segmente en gajos 4 naranjas y la toronja (ver abajo). Exprima el jugo de las naranjas restantes; deberá obtener unos 700 ml.

2 Sumerja las hojas de grenetina en un recipiente de agua fría por unos 5 minutos, hasta que se ablanden.

3 Mientras tanto, coloque el jugo de naranja en una olla con las tiras de cáscara y el almíbar; lleve a hervor. Retire del fuego.

4 Saque la grenetina y exprima el exceso de agua, después deslice las hojas en el jugo de naranja caliente, mezcle hasta disolver. Pase por un colador a un recipiente y agregue el Campari. Reserve para enfriar durante 30 minutos.

5 Divida la mitad de los gajos de fruta en 4 vasos. Con una cuchara, sirva un poco de la mezcla de jugo sobre los gajos y refrigere hasta cuajar.

6 Agregue los gajos restantes, y después vierta encima el resto del jugo de naranja. Refrigere por unas 2 horas al menos, hasta que la jalea esté ligeramente cuajada.

DECORE CON CREMA POR ENCIMA Y
ACOMPAÑE DE *FINANCIERS* (PÁGINA 173)

Para segmentar una naranja (u otro cítrico)

1 Rebane la parte superior e inferior de cada naranja y párelas en una tabla para cortar.

2 Siguiendo la curva de la fruta, corte la cáscara, asegurándose de eliminar toda la piel blanca también. Deberá obtener una silueta limpia y redonda.

3 Sostenga la naranja en una mano sobre un recipiente para recolectar el jugo, y corte cada lado de las membranas que contienen los gajos, para soltarlos. A medida que retire cada gajo, elimine las semillas y colóquelo en el recipiente. Cuando haya retirado todos los gajos, exprima un poco la membrana para extraer el jugo que quede.

FRUTAS ASADAS

Al cocinar fruta a alta temperatura la pulpa se carameliza, lo que crea un sabor dulce y a las brasas que es deliciosamente diferente. Lo puede hacer de dos maneras, ya sea en un sartén antiadherente precalentado, o en un horno caliente, barnizando ocasionalmente con un poco de almíbar, alcohol o ambos. A veces agrego ramitos de hierbas, como tomillo y romero.

Duraznos asados con salsa de caramelo a la naranja

6 PORCIONES
250 g de azúcar refinado
3 cucharadas de agua
250 ml de jugo fresco de naranja
1 vaina de vainilla
6 duraznos medianos
**50 g de mantequilla sin sal, reblandecida
    pero no derretida**
PARA TERMINAR (OPCIONAL):
Hojas de albahaca cristalizadas (página 71)

Debe asar los duraznos enteros y con piel, bañándolos ocasionalmente con la salsa de caramelo de naranja. La textura es consistente y el sabor buenísimo.

1 Coloque 150 g de azúcar y el agua en una olla de fondo grueso y disuelva a fuego lento. Cuando el almíbar esté completamente transparente, suba el fuego y cocine hasta obtener un caramelo ligero, unos 5 minutos.

2 Retire del fuego y con cuidado agregue el jugo de naranja, mezclando; va a chisporrotear. Corte la vaina de vainilla a lo largo, saque las semillas y agréguelas a la salsa de caramelo. Reserve para enfriar, hasta espesarse.

3 Precaliente el horno a 150°C. Con una brocha para repostería barnice los duraznos generosamente con la mantequilla, después espolvoree el azúcar y ruédelos por encima del que caiga nuevamente, para cubrirlos bien.

4 Coloque los duraznos en un sartén pequeño de hierro forjado y con una cuchara báñelos con caramelo. Meta en el horno (sin cubrirlos) por unos 30 minutos, hasta que los duraznos se ablanden sin desbaratarse, bañándolos con los jugos del sartén cada 10 minutos.

5 Cubra sin sellar del todo, con una "tienda de campaña" de papel aluminio y deje enfriar; esto hará que los jugos escurran al fondo.

6 Pele cualquier trozo flojo de piel, pero no pele por completo; se ven bien si todavía queda algo. Mezcle los jugos del sartén, pase por un colador y reserve en una jarra.

7 Sirva los duraznos ligeramente fríos, bañados con cucharadas de salsa de caramelo de naranja. Me gusta colocar por encima hojas de albahaca cristalizada.

DELICIOSO SERVIDO CON *PARFAIT* DE DURAZNO (PÁGINA 71)

Manzanas asadas con pimienta entera

Le recomiendo usar manzanas que al asarlas conserven su forma y textura, como la Granny Smith o Braeburn. Después de caramelizarlas, las manzanas se perfuman con pimienta entera machacada y vainilla, y se asan en el horno hasta reblandecerlas. Me parece que los granos de pimienta realmente acentúan el sabor de las cosas dulces, especialmente el de las frutas.

1 Pele las manzanas y descorazone. Seque a palmaditas con papel de cocina, después barnícelas con la mantequilla. Ruédelas en el azúcar moreno hasta cubrirlas muy bien.

2 Precaliente el horno a 190°C. Coloque las manzanas en una charola para hornear o un refractario y ase en el horno por 10 minutos.

3 Vierta el jugo de manzana y esparza encima los granos de pimienta quebrados y la vaina de vainilla. Con una cuchara bañe las manzanas, después vuelva a meter al horno. Ase sin tapar por 20 minutos más, bañando la fruta con su propio jugo cada 5 minutos. Con la última rociada agregue el armañac, si lo desea.

4 Deje enfriar unos 10 minutos o más, bañando las manzanas ocasionalmente con los jugos de la charola.

5 Coloque las manzanas en un platón; pase por un colador los jugos de la charola y viértalos sobre las manzanas. Para un postre simple, sírvalas tibias con crema líquida o Crema inglesa (página 193) y *Shortbreads* de comino o avellana (página 172).

6 PORCIONES

6 manzanas firmes para postre, como Granny Smith o Braeburn

100 g de mantequilla, reblandecida pero no derretida

100 g de azúcar moreno

300 ml de jugo de manzana

1 cucharadita de granos de pimienta machacados

1 cucharadita de granos de pimienta rosa machacados

1 vaina de vainilla, cortada a la mitad

2 a 3 cucharadas de armañac (opcional)

ESTAS MANZANAS SON ESPECIALMENTE BUENAS SI SE SIRVEN TIBIAS CON UNA CREMOSA BAVARESA (PÁGINAS 92-97) O *PARFAIT* (PÁGINAS 64-71)

Piñas *baby* asadas

4 PORCIONES

4 piñas *baby*, o 1 piña dulce mediana

16 a 28 clavos

250 g de azúcar refinado

460 ml de agua

1 cucharadita de polvo de cinco especias

1 rajita de canela

Cuando encuentre piñas *baby*, compre algunas y hornéelas hasta obtener una apariencia con onda *rasta*. Para verificar su madurez, jale una de las hojas verdes del tallo; deberá salir con facilidad. Prepare un jarabe de caramelo un día antes, y macere en él las piñas peladas, durante la noche. Al día siguiente, simplemente ase la fruta, bañándola ocasionalmente con el almíbar. Puede hacer lo mismo con una piña más grande, rebanándola primero.

1 Si está utilizando piñas *baby*, pele la cáscara pero deje las tapas y saque los "ojos" con la punta de un cuchillo. Si está utilizando una piña más grande, corte la tapa, pele y quite los "ojos", después rebane. Meta clavos en las "cuencas de los ojos".

2 Ahora prepare el jarabe. Coloque el azúcar y 4 cucharadas de agua en una olla de fondo grueso, y disuelva a fuego lento; quizá ocasionalmente necesite agitar la olla con suavidad, pero evite revolver. Cuando el jarabe esté transparente y no queden granos de azúcar, suba el fuego y hierva por unos 7 minutos hasta obtener un color caramelo claro.

3 Retire del fuego y agregue 400 ml de agua con cuidado, manteniéndose alejado pues la mezcla puede salpicar. Agregue las especias, mezclando.

4 Coloque la fruta en una olla grande de fondo grueso y vierta el jarabe de caramelo encima. Caliente a fuego lento por unos 5 minutos, bañando con el jarabe. Transfiera la fruta a un recipiente, vierta el jarabe encima y reserve para enfriar, revolviendo una o dos veces. Cubra y deje macerar toda la noche.

5 Al día siguiente precaliente el horno a 190°C. Coloque las piñas en una charola pequeña para hornear, y con una cuchara vierta encima un poco de jarabe. Ase de 15 a 20 minutos, bañando dos o tres veces con el jarabe. La fruta deberá reblandecerse pero sin desbaratarse. Enfríe a temperatura ambiente.

6 Sirva las piñas bañándolas con algunas cucharadas del jarabe especiado.

SUBLIME CON EL *MOUSSE* DE PIÑA Y ANÍS ESTRELLADO (PÁGINA 87), O CON EL *PARFAIT* DE DURAZNO (PÁGINA 71)

Ciruelas asadas

Intente asar las ciruelas en lugar de escalfarlas en almíbar. Toman un sabor acaramelado más seductor, maravilloso con cualquiera de los cremosos *mousses* y bavaresas (páginas 86-97), y *parfaits* (página 64-71). También puede probar con el clásico brioche francés (abajo e ilustrado) con sus perlas de fruta escondida.

1 Parta y deshuese las ciruelas, después corte en cuartos. Coloque en una sola capa en un refractario plano. Precaliente el horno a 190ºC.

2 Coloque la mantequilla y el azúcar en una cazuela pequeña con la vaina de vainilla y la rajita de canela, caliente a fuego lento hasta derretir. Bañe las ciruelas con el jarabe de mantequilla, mezclando suavemente para cubrirlas.

3 Ase sin tapar, de 10 a 14 minutos, bañando dos o tres veces con el jugo acumulado en el refractario. Enfríe, después deseche la vaina de vainilla y la rajita de canela.

4 Para un postre sencillo, sirva con Crema de naranja y cardamomo (página 55), Helado de ciruela pasa y armañac (página 63) o Helado de jengibre (página 58) y, quizás, unas cuantas galletas de mantequilla o *Shortbreads* (página 172).

Brioche

1 Prepare las ciruelas asadas (como se indica arriba), o ponga a remojar en agua 6 ciruelas pasa grandes, hasta ablandarlas. Escurra y deshuese las ciruelas pasa si es necesario.

2 Prepare una masa ligeramente más firme que la receta básica para la Barra de brioche (página 210), usando 4 huevos medianos en lugar de 6. Barnice con mantequilla derretida el interior de 12 ramequines o moldes acanalados para brioche individual. Después de que la masa se leve una vez, golpéela para bajarla y reserve un cuarto.

3 Divida la porción más grande de masa en 12 pedazos, forme pelotas y deje caer en los moldes. Con su pulgar, presione en el centro de cada molde y forme un hoyo, coloque dentro un cuarto de ciruela asada o una ciruela pasa remojada. Con la masa restante forme 12 pelotas pequeñas y coloque por encima de cada molde. Deje levar en un lugar tibio hasta que casi dupliquen su tamaño.

4 Hornee a 190ºC por 15 o 20 minutos, hasta que estén bien dorados y firmes. Deje en los moldes por 5 minutos más; después pase un cuchillo alrededor del brioche y desmolde sobre una rejilla de metal para enfriar. Perfectos para un *brunch* especial.

4 PORCIONES
8 ciruelas rojas grandes
50 g de mantequilla
50 g de azúcar refinado
1 vaina de vainilla, cortada a lo largo
1 rajita de canela

EL BRIOCHE FRANCÉS ES UNA MANERA ORIGINAL DE PRESENTAR CIRUELAS Y PASAS ASADAS

Higos asados con almíbar balsámico especiado

6 PORCIONES
6 higos negros grandes
3 cucharadas de miel de acacia o de pino
150 ml de Almíbar simple (página 200)
2 rajitas de canela
2 clavos
2 vainas de vainilla, cortadas a lo largo
3 anises estrellados
1 naranja, la cáscara en tiras
3 cucharadas de vinagre balsámico añejo

Prepare esta sencilla receta a finales del verano, cuando encuentre en el mercado higos negros grandes. El almíbar perfumado se puede colar después de hornear y volver a utilizar.

1 Recorte los tallos y coloque los higos parados en una charola mediana (no muy profunda) para hornear. Precaliente el horno a 150ºC.
2 Coloque el resto de ingredientes en una olla de fondo grueso, lleve a hervor y mantenga hasta reducirlo a un glaseado de almíbar, unos 3 minutos.
3 Con una cuchara bañe los higos con el almíbar. Ase sin tapar por unos 30 minutos, bañándolos más o menos cada 10 minutos, hasta que estén suaves y pueda atravesarlos con un palillo, pero sin desbaratarse.
4 Sirva los higos tibios, bañándolos con un poco de almíbar. Pase por un colador el resto de la salsa a un frasco con taparrosca; refrigere para otra ocasión.

SIRVA CON UN HELADO ESPECIADO, COMO EL DE CARDAMOMO O JENGIBRE (PÁGINA 58)

Higos verdes asados a la miel
Use higos verdes y omita la canela, clavos, anís estrellado y vinagre balsámico, para un almíbar más sutil con sabor a miel.

Rebanadas de mango caramelizado

4 PORCIONES
2 mangos grandes, apenas maduros
20 g de mantequilla
1 cucharada de azúcar refinado
3 cucharadas de azúcar glas
2 pizcas de polvo de cinco especias

Son estupendas con helado o *mousse*, en particular el *Parfait* de mango y maracuyá (página 69) y el *Mousse* de mango y chocolate amargo (página 88). Pueden prepararse con antelación y después recalentarse.

1 Pele el mango y corte la pulpa, separándola con cuidado del hueso. Rebane la pulpa y colóquela en un plato plano.
2 Ponga la mantequilla y el azúcar en un sartén de fondo grueso y caliente a fuego lento, mezclando, hasta derretir. Aumente el fuego y cocine hasta que el almíbar tenga un color caramelo claro.
3 Cierna el azúcar glas y las especias sobre los mangos. Mezcle la fruta hasta cubrirla muy bien.
4 Ponga las rebanadas de mango en el sartén caliente en una sola capa y cocine unos 5 minutos, volteándolas una vez, hasta que se doren ligeramente por ambos lados. Deje reposar en el sartén. Sirva tibio.

ACOMPAÑE CON CREMA DE FRAMBUESA (PÁGINA 51) O CREMA DE PISTACHE (PÁGINA 52)

Peras asadas lentamente

Son deliciosas si las sirve ligeramente frías con una *Crème fraîche* de sabor (página 50) o si las usa para acompañar uno de mis *mousses* o bavaresas (páginas 86-97), o *parfaits* (páginas 64-71). Escoja peras bien redondas, como la Barlett o Anjou, que se mantienen en pie al colocarlas en un plato.

1 Pele las peras, dejándolas enteras. Con un cuchillo filoso pequeño, saque de la base la mayor cantidad del corazón como sea posible, después corte una rebanada delgada para asegurarse de que las peras se mantendrán en pie. Barnícelas completamente con un poco de jugo de limón y reserve por unos 5 minutos.

2 Precaliente el horno a 190°C. Vierta el azúcar en un platón plano.

3 Seque las peras a palmaditas con papel de cocina, despúes barnícelas completamente con la mantequilla y ruede en el azúcar para cubrirlas.

4 Coloque las peras paradas en un refractario poco profundo, y ase por unos 15 minutos hasta que comiencen a dorarse.

5 Mezcle el jugo de limón restante con la ralladura, el azúcar restante y el licor de pera. Con una cuchara, bañe las peras y agregue la vainilla. Hornee por 15 minutos más, bañando con los jugos por lo menos dos veces. Atraviese las peras con un palillo o un cuchillo de hoja delgada; deberán sentirse blandas pero sin desbaratarse. Retire y enfríe, barnizando ocasionalmente con el jugo.

6 PORCIONES
6 peras firmes medianas, de tamaño similar
3 limones, la ralladura y el jugo
100 g de mantequilla reblandecida, pero no derretida
100 g de azúcar refinado o moreno
2 cucharadas de licor de pera
1 vaina de vainilla, cortada a lo largo

Chabacanos glaseados

En el restaurante los servimos con *Baba au rhum* (página 119) –una especie de panqué envinado–, pero son igualmente buenos con Arroz con leche tailandés (página 132) o simplemente servidos con helado y galletas de mantequilla.

1 Corte los chabacanos a la mitad y deshuéselos. Coloque sobre un plato plano en una sola capa. Espolvoree el azúcar y rocíe con el ron o Amaretto. Reserve por 1 hora, mezclando unas dos veces.

2 Caliente un sartén grande de fondo grueso a fuego medio hasta que sienta que se eleva un calor fuerte. Coloque los chabacanos en el sartén, el lado cortado hacia abajo. Cocine hasta que comiencen a caramelizarse.

3 Con cuidado voltee la fruta con una espátula y cocine el otro lado hasta caramelizar. No los mueva demasiado en el sartén o se desbaratarán. Retire del fuego y deje enfriar. Sírvalos tibios.

4 A 6 PORCIONES
12 chabacanos apenas maduros
125 g de azúcar refinado
3 cucharadas de ron o Amaretto

PARA DESHIDRATAR REBANADAS DE FRUTA

Creo profundamente en presumir la belleza, y las frutas frescas están diseñadas para exhibir sus formas y colores en plenitud. Una de las decoraciones más sencillas e impactantes es cuando la fruta firme se corta en rebanadas delgadísimas, y se deshidrata en un horno tibio hasta quedar casi translúcida y crujiente (ilustrado en las páginas 44-45). Todas las frutas se preparan de la misma manera, excepto las que tienden a oxidarse, que es mejor tratarlas con jugo de limón (ver abajo) al momento de rebanarlas.

Me gusta experimentar con frutas nuevas. En el restaurante preferimos manzanas, peras, fresas, piñas, kiwis, higos, mangos y duraznos. La fruta es mejor si se rebana justo antes de que madure por completo, para obtener un color brillante y una pulpa firme, sin ser demasiado jugosa. Sobra decir que necesita frutas perfectas y sin manchas.

Para preparar rebanadas de fruta deshidratada

1 Primero prepare una porción de Almíbar simple (página 200).

2 Encienda el horno en la temperatura más baja posible. Coloque en una charola 1 o 2 manteles de silicón para hornear. El papel para hornear no es lo suficientemente antiadherente y termina por humedecerse.

3 Prepare la fruta que eligió. Solo las piñas y los mangos deberán pelarse. Use un cuchillo filoso para poder cortar la fruta en rebanadas delgadísimas. (Nosotros usamos el rebanador de jamón de la cocina, ¡pero me imagino que usted no tiene uno!) No corte a la mitad y deshuese frutas como el durazno, la ciruela, o el mango; en vez de hacer eso, rebane cada una hasta llegar al hueso, gire la fruta y rebane el otro lado. En el caso de las manzanas y peras, es mejor descorazonarlas con cuidado, aunque las peras se pueden rebanar enteras a lo largo hasta llegar al corazón. Tan pronto como las rebane, remoje las manzanas, peras y las frutas que tienden a oxidarse en un poco de almíbar mezclado con 1 chorrito de jugo de limón.

4 Remoje ligeramente las rebanadas de fruta en el almíbar, sacuda el exceso y colóquelas en fila sobre el mantel de silicón para hornear. Deje en el horno a baja temperatura por al menos 2 horas. Si la fruta parece dorarse, el horno está demasiado caliente. Para bajar la temperatura, deje entreabierta la puerta usando el mango de una espátula o cuchara de madera para sostenerla.

5 Las rebanadas están listas cuando se sienten firmes y pueden levantarse fácilmente. No las deje en el horno más tiempo del necesario. Al enfriarse estarán crujientes.

6 Guarde la fruta deshidratada en recipientes de plástico herméticos. Si las deshidrató bien, permanecerán crujientes al menos 1 semana.

CONFIT DE CÍTRICOS

Un toque final y elegante que puede preparar con anticipación. Un tarro con rebanadas de *confit* de cítricos es un atractivo regalo gourmet. Prepare la opción sencilla o una mezcla de cítricos; los limones amarillos y verdes son una combinación útil. De ser posible utilice fruta orgánica sin cera en la cáscara.

Para preparar las rebanadas de *confit* de cítricos

1 Lave 2 naranjas sin semilla grandes, 3 limones amarillos o 3 limones verdes (o una combinación de ambos), pero no pele la fruta. Seque a palmaditas con papel de cocina, después corte en rebanadas de unos 3 mm de grosor.

2 Prepare una porción de Almíbar simple (página 200); con 250 ml deberá bastar. Vuelva a llevarlo a hervor y deje caer dentro las rebanadas de fruta. Retire del fuego y enfríe.

3 Vacíe la fruta y el almíbar en un frasco con taparrosca y guarde en el refrigerador. Retire las rebanadas de *confit* para usarlas cuando las requiera. Se conserva en el refrigerador hasta por 1 mes.

4 Cuando se haya terminado la fruta, puede volver a hervir el almíbar (que tendrá el aroma a cítricos); cuélelo y vuélvalo a usar.

Variación

Para hacer *confit* de kumquat (o naranja china), lave unos 250 g de kumquat y seque a palmaditas con papel de cocina. Corte el pequeño cítrico a la mitad horizontalmente. Agregue 250 ml de almíbar hirviendo (como arriba), retire de inmediato del fuego y deje enfriar. Termine como arriba.

Para preparar juliana de cítricos confitada

1 Lave 2 naranjas sin semilla grandes, 3 limones amarillos o 3 limones verdes (o una combinación de ambos), después seque a palmaditas. Pele finamente la cáscara usando un pelapapas. Elimine la piel blanca y corte la cáscara en juliana.

2 Blanquee las cáscaras de cítricos en agua por 2 minutos, después escurra y seque a palmaditas.

3 Lleve 250 ml de Almíbar simple (página 200) a hervor en una olla pequeña. Añada la juliana en la olla y deje hervir a fuego lento por unos 3 minutos. Retire del fuego y deje enfriar.

4 Vierta con cuidado la juliana y el almíbar en un frasco con taparrosca, y guarde en el refrigerador hasta por 1 mes. Use la juliana cuando la requiera.

SIRVA LOS *CONFITS* DE CÍTRICOS COMO UN TOQUE DECORATIVO FINAL. COMPLEMENTAN PARTICULARMENTE BIEN A LAS TARTALETAS DE LIMÓN Y MARACUYÁ (PÁGINA 155), LAS TARTITAS DE CARAMELO (PÁGINA 138) Y LOS PLÁTANOS EN JARABE DE CARAMELO Y RON (PÁGINA 24)

helados y cremas

CREMAS SABORIZADAS

Tienen una gran variedad de usos. Las puede servir con ensaladas de fruta fresca, tartas, frutas al horno y postres calientes, o usar a cucharadas en tartaletas, canutillos de crema o en mi receta de Conos de pasta filo (página 152). Las porciones dependen del uso final que se les dé. Las cremas en forma de *quenelle* o croqueta, lucen muy atractivas.

Para formar *quenelles* ovaladas

1 Primero, cubra un refractario no muy profundo con película autoadherente bien estirada sobre los bordes para que quede por encima de la superficie. Asegúrese de que la crema esté bien compacta en el recipiente, dé golpecitos firmes sobre la superficie para eliminar burbujas de aire. Meta una cuchara de postre en un tazón con agua caliente, séquela con un trapo de cocina; luego húndala de lado en la crema y gire la cuchara para sacar una *quenelle* ovalada.

2 Limpie la orilla de la cuchara con el borde del recipiente, luego frote la base en la palma de su mano para calentarla ligeramente.

3 Vuelque con cuidado la *quenelle* sobre la película autoadherente. Repita para hacer todas las que necesite, refrigere hasta que las requiera. También los *mousses*, helados y sorbetes pueden presentarse en forma de *quenelle*.

Nota: Para un acabado brillante, deje el interior de la cuchara mojado después de pasarla por el agua caliente. La humedad le dará a la quenelle *un acabado vidrioso.*

Crema chantilly

La más básica de las cremas; la que prepararemos es una crema batida ligeramente endulzada. Deberá tener la consistencia de un merengue suave a punto de turrón. Para evitar batir demasiado sugiero que antes añada 2 cucharadas soperas de leche por cada 300 ml de crema, con 1 o 2 cucharadas de azúcar refinado. Para un resultado óptimo, refrigere el tazón y las aspas de la batidora y, claro está, asegúrese de que la crema sea fresca y esté bien fría. Ponga el tazón sobre un paño húmedo para estabilizarlo. Nosotros batimos nuestra crema a máquina, pero hay que bajar la velocidad cuando la crema empiece a espesar, pues se puede cortar repentinamente. La crema se espesa al reposar, por lo tanto no la bata con demasiada antelación; unos 10 minutos es suficiente.

Crème fraîche de sabores

La *crème fraîche* entera, o crema fresca entera, se puede batir y saborizar con un Almíbar (página 10), usando 2 cucharadas por cada 200 ml de crema. Use almíbar saborizado con té de limón, vainilla o especias. La crema fresca al té de limón es deliciosa con la tarta de miel; la especiada complementa las tartas de carne y el pudín de Navidad; o pruebe a batir crema fresca con almíbar tomado de un tarro de jengibre en conserva y sirva con fruta asada caliente.

Crema de frambuesa

Sirva como una pequeña degustación de postre en elegantes copas de licor, cubiertas de moras delicadas, como un *syllabub* rosado. Otra opción es alternar capas de crema con capas de hojaldre espolvoreadas con azúcar, o puede rellenar unos conos de pasta filo con una manga pastelera. Para hacer la crema más afrutada, incorpore frambuesas machacadas, o bien zarzamoras machacadas, cuando estén en temporada.

6 A 8 PORCIONES
200 g de frambuesas
1 chorrito de jugo de limón amarillo
1 a 2 cucharadas de azúcar glas, cernido (opcional)
300 ml de crema para batir, fría

1 Licue las frambuesas hasta obtener un puré. Añada el jugo de limón amarillo y endulce con el azúcar glas si lo requiere. Pase el puré por un colador a un tazón, presionando la mezcla con la parte posterior de un cucharón. Cubra y refrigere.

2 Justo antes de servir, bata la crema hasta formar picos suaves y esponjados, luego incorpore suavemente al puré de frambuesa. La mezcla se espesará de inmediato (por lo tanto, debe mezclarlos al último momento).

Crema de maracuyá

El concentrado de maracuyá que usamos en el restaurante es difícil de conseguir, así que tendrá que prepararlo usted mismo para hacer esta perfumada crema, usando el jugo de bastantes frutos, hirviéndolos para concentrar el sabor. Compre maracuyás muy maduros, que parezcan no tener remedio: en realidad estarán en su punto y llenos de jugoso sabor. A veces se puede encontrar jugo de naranja combinado con jugo de maracuyá; puede reducir este jugo para obtener un sabor similar.

6 A 8 PORCIONES
8 maracuyás maduros
150 g de mascarpone
150 ml de crema para batir (*whipping cream*)
2 o 3 cucharadas de azúcar glas

1 Corte los maracuyás en dos y coloque la pulpa y las semillas en un procesador de alimentos o una licuadora. Raspe las paredes de la licuadora con frecuencia, muela por completo. Este proceso libera la pectina de las semillas, que sirve para espesar la crema.

2 Hierva por unos 5 minutos el puré de maracuyá en una olla pequeña hasta reducirlo a la mitad. Pase por un colador presionando la mezcla con la parte posterior de un cucharón. Deje enfriar, cubra y refrigere.

3 Mezcle el jugo de maracuyá con el mascarpone. En otro tazón, bata la crema con el azúcar glas hasta formar picos e incorpore suavemente a la mezcla de maracuyá. Refrigere un poco antes de servir.

SIRVA LAS CREMAS DE FRUTA EN COPAS PEQUEÑAS CON LENGUAS DE GATO (PÁGINA 173), O RELLENE CONOS DE PASTA FILO (PÁGINA 152) USANDO UNA MANGA PASTELERA

Crema de pistache

LA FRUTA ASADA, COMO LAS REBANADAS DE
MANGO CARAMELIZADO (PÁGINA 42), ES
DELICIOSA CUBIERTA CON UNA CUCHARADA
DE CREMA DE PISTACHE, COMO SE ILUSTRA

4 A 6 PORCIONES
125 g de pistaches sin cáscara y sin sal
3 cucharadas de Almíbar simple (página 200)
300 ml de crema para batir

Usamos pasta de pistache para hacer esta crema en el restaurante, pero no está disponible para el chef casero. Sin embargo, puede preparar un sustituto al moler los pistaches en un molinillo de café, mezclándolos luego con el almíbar.

1 Limpie con papel de cocina o un paño seco el interior del molinillo de café. Muela finamente los pistaches en 2 o 3 tandas hasta que casi se reduzcan a una pasta.

2 Ponga los pistaches en un procesador de alimentos o una licuadora y licue con el almíbar hasta mezclar bien. (No lo intente en el molinillo de café, ya que casi ninguno es a prueba de líquidos.)

3 Bata la crema en un tazón hasta que forme picos suaves. Incorpore la pasta de pistache suavemente. Refrigere ligeramente antes de servir.

Crema de almendras tostadas

6 PORCIONES
75 g de almendras blanqueadas,
    finamente picadas
15 g de azúcar glas, cernido
300 ml de crema para batir
2 cucharadas de almendra molida
2 cucharadas de Amaretto

Una crema con intenso sabor a almendra para complementar las frutas al horno, sobre todo las peras, las ciruelas y los duraznos. También es rica con la *Tatin* de pera caramelizada (página 142).

1 Ponga las almendras picadas en un sartén de fondo grueso, revolviendo ocasionalmente hasta que comiencen a dorarse.

2 Esparza el azúcar glas por encima. Cuando empiece a caramelizarse despedirá un delicioso aroma. Retire del fuego antes de que el azúcar se oscurezca demasiado, y vierta en un plato para enfriar completamente. Mientras se enfrían, remueva frecuentemente las almendras cubiertas de azúcar para que no se peguen.

3 Bata la crema en un tazón hasta formar picos suaves y esponjados. Incorpore la almendra molida, el licor, y finalmente las almendras tostadas y azucaradas, frías. Refrigere ligeramente antes de servir.

Crema de limón verde y amarillo

4 A 6 PORCIONES
2 limones amarillos grandes, el jugo
    y la ralladura fina
3 limones verdes, el jugo y la ralladura fina
40 g de azúcar refinado
125 g de mascarpone
150 ml de crema para batir

1 Mezcle la ralladura de los limones amarillos y verdes junto con el azúcar. En una olla pequeña, lleve el jugo de los cítricos a hervor y mantenga hasta reducirlos a unas 2 cucharadas. Añada al azúcar y las ralladuras; deje enfriar.

2 Revuelva la mezcla de azúcar y cítricos con el mascarpone.

3 Bata la crema hasta formar picos suaves y esponjados, e incorpore suavemente al mascarpone con fruta. Sirva ligeramente refrigerado.

Corazones de mascarpone y vainilla

Una versión moderna del clásico postre francés *cœur à la crème*. Necesitará 6 moldes de porcelana en forma de corazón, y manta de cielo húmeda para forrarlos. Casi todas las mejores tiendas para cocineros venden este tipo de moldes. Esta mezcla deliciosa de tres cremas se deja escurrir durante la noche para hacerla aún más intensa y deliciosa. Sirva simplemente con frutos blandos y *shortbreads* de nuez, cubiertas por la mitad con chocolate amargo derretido, si lo desea.

6 PORCIONES
200 g de mascarpone
100 g de queso crema
1 vaina de vainilla
150 g de azúcar refinado
150 g de *crème fraîche* o crema fresca
frutos blandos, como fresas, frambuesas, zarzamoras o moras azules, para servir

1 Bata el mascarpone y el queso crema en un tazón hasta formar una pasta homogénea. Corte la vaina de vainilla a lo largo, saque las semillas con el reverso del filo de un cuchillo, y añádalas a la mezcla del mascarpone; mezcle bien.

2 Bata la crema fresca en otro tazón hasta obtener una firmeza suave, e incorpore a la mezcla.

3 Forre los 6 moldes de *cœur à la crème* con la muselina húmeda, deje que cuelgue por los bordes del molde. Con una cuchara, vierta la mezcla de cremas a la vainilla a los moldes y nivele con una espátula. Refrigere por lo menos 24 horas.

4 Desmolde las cremas a la vainilla en platos individuales y retire la manta de cielo. Sirva con una selección de suaves frutas de verano y galletas crujientes.

LOS *SHORTBREADS* DE AVELLANA (PÁGINA 172) SON EL CONTRAPUNTO PERFECTO PARA ESTAS CREMAS SUAVES Y ATERCIOPELADAS

Crema de naranja y cardamomo

Una crema aromática ideal para servir sobre postres calientes de fruta invernal, especialmente sobre un buen pudín de Navidad casero o unas tartas de carne. Para un sabor más fuerte, machaque las vainas de cardamomo antes de agregarlas.

6 PORCIONES
2 naranjas grandes
1 limón amarillo
4 vainas de cardamomo
2 cucharadas de azúcar refinado
300 ml de crema para batir
1 cucharada de Grand Marnier o Cointreau

1 Ralle la cáscara de 1 naranja y del limón amarillo. Exprima el jugo de todos los frutos. Coloque las ralladuras y los jugos en una olla pequeña junto con las vainas de cardamomo y el azúcar. Lleve a hervor y mantenga hasta reducir a la mitad. Deje enfriar.

2 Pase por un colador el líquido de cítricos frío a un tazón pequeño, presionando la mezcla con la parte posterior de una cuchara. Deseche el cardamomo.

3 Bata la crema en un tazón hasta formar picos suaves y esponjados, y luego incorpore suavemente el jugo de cítricos y el licor. Refrigere antes de servir.

HELADOS

Siempre tratamos de tener una gran variedad de helados en los congeladores de nuestro restaurante, ya que complementan muchos de mis postres. La base para gran parte de los mejores helados caseros es la crema inglesa, aunque algunas de mis nieves usan de base la *pâte à bombe*. La clave del éxito es una textura homogénea, y la mejor manera de lograrla es batir la mezcla fría en una máquina para hacer helado. Para prepararlo satisfactoriamente, necesita la cantidad suficiente de mezcla: la que sugiero aquí para el Helado clásico de vainilla (ver página siguiente) es una receta básica doble de Crema inglesa (página 193), y funciona muy bien. Una vez que la mezcla está cremosa y casi congelada, la puede transferir a un recipiente para almacenarla en el congelador.

Si no tiene una máquina para hacer helado, la mezcla se puede congelar en un recipiente poco profundo, pero deberá batirlo completamente al menos tres veces mientras se congela. Cuanto más bata una mezcla semi congelada, más pequeños serán los cristales de hielo y más uniforme será el resultado final.

El helado absorbe con facilidad los sabores de lo que se encuentra cerca, así que asegúrese de que los recipientes estén bien sellados. Para mayor frescura, el helado casero debe comerse poco después de batido, o al menos dentro de una semana. A menos de que sirva el helado poco después de congelarlo, tendrá que ablandarlo a temperatura ambiente unos 10 minutos antes de servirlo.

Helado clásico de vainilla

Siempre podrá reconocer un helado de verdadera vainilla: tendrá un color amarillo claro y puntitos negros, por las semillas.

1 Prepare la crema inglesa (siguiendo el método en la página 193). Enfríe rápidamente sobre un recipiente de agua con hielo y refrigere hasta enfriar completamente.

2 Vierta la crema inglesa fría en una máquina para hacer helado y bátala.

3 Cuando el helado esté casi firme, páselo a un recipiente bien sellado y coloque en el congelador —a menos de que vaya a servirlo de inmediato, por supuesto—. Si no tiene una máquina para hacer helado, congele la mezcla en un recipiente poco profundo y bata completamente mientras se congela (ver página anterior).

4 Para un sabor óptimo, consúmalo dentro de una semana, acordándose de ablandar el helado a temperatura ambiente unos 10 minutos antes de servir.

PARA PREPARAR CERCA DE 1.2 l
CREMA INGLESA:
500 ml de leche entera
500 ml de crema para batir
100 g de azúcar refinado
12 yemas de huevos de rancho grandes
2 o 3 vainas de vainilla

Variaciones de helado de vainilla

HELADO DE CARDAMOMO Es sensacional. Prepare de la misma manera que el Helado clásico de vainilla (página 57), pero omita la vainilla de la crema inglesa y reemplace por 1 cucharada de vainas verdes de cardamomo en infusión con la leche y la crema.

Como alternativa, para un sabor más fuerte, abra 6 a 8 vainas de cardamomo, saque las semillitas negras y añádalas a la leche y la crema junto con las vainas vacías. Cuele la crema inglesa después de enfriarla, no antes.

HELADO DE JENGIBRE ¡Un helado para los fanáticos del jengibre, aquellos que felizmente se comerían todo un frasco en Navidad! Prepare como el Helado clásico de vainilla (página 57), pero reemplace la vainilla en la crema inglesa por un cubo de 3 cm de jengibre fresco, pelado y rallado; déjelo en infusión con la leche. Para intensificar el sabor, mezcle en la natilla fría 2 trozos finamente picados de jengibre en conserva.

HELADO DE RON CON PASAS Bata el Helado clásico de vainilla (página 57) o el Helado de cardamomo (arriba) a medio congelar. Añada 6 a 8 cucharadas de Frutos macerados (página 13) y continúe batiendo hasta que esté firme. O simplemente añada las frutas al helado reblandecido.

HELADO DE BAILEYS Añada 200 ml de licor Baileys al Helado clásico de vainilla (página 57) antes de batir. Sirva las bolas de helado rociadas con el licor.

HELADO DE LAVANDA FRESCA Necesita flores frescas para preparar este aromático helado; se encuentran a finales del verano. Prepare igual que el Helado clásico de vainilla (página 57), reemplace la vainilla de la crema inglesa y, en su lugar, deje en infusión en la mezcla de crema y leche caliente los capullos de unos 50 g de flores de lavanda fresca. Cuele después de enfriarla, no antes.

HELADO DE FRESA Prepare una Crema inglesa (página 193) y refrigere. Remueva el tallo de 500 g de fresas maduras y licue hasta obtener un puré. Pase a una olla de fondo grueso y hierva unos 12 a 15 minutos hasta reducirlo a la mitad, para concentrar el sabor. Enfríe y, si prefiere, cuele para quitar las semillas. Bata el puré de fresa con la crema inglesa fría y continúe el proceso para el Helado clásico de vainilla (página 57).

HELADO DE CHISPAS DE CHOCOLATE Bata una ración de Helado clásico de vainilla (página 57) hasta que esté medio congelado. Pique finamente 150 g de chocolate amargo, añádalo y siga batiendo hasta que esté firme.

Helado de agua de azahar

No aprovechamos las esencias florales concentradas lo suficiente, y es una lástima, ya que unas cuantas gotas pueden transformar una receta sencilla en algo memorable, como este helado. Lo servimos en delicadas bolitas sobre jaleas de naranja, pero también combina de maravilla con fresas, frambuesas o incluso sobre un pay de manzana caliente o una tarta de caramelo. El agua de azahar se consigue en la sección de productos para hornear en supermercados y delicatesen selectos.

PARA PREPARAR UNOS 600 ml
250 ml de crema para batir
250 ml de leche entera
75 g de azúcar refinado
5 yemas de huevos de rancho grandes
unas gotas de agua de azahar, al gusto

1 Coloque la crema y la leche en una olla de fondo grueso con 1 cucharada de azúcar y lleve lentamente a hervor.

2 Con una batidora eléctrica mezcle el resto del azúcar y las yemas de huevo en un tazón grande, hasta esponjar y obtener un color dorado claro.

3 En cuanto la leche cremosa empiece a subir por los bordes de la olla, retire del fuego y batiendo vierta un tercio en pequeños chorros sobre las yemas azucaradas.

4 Regrese la mezcla a la olla y cocine a fuego muy lento, moviendo constantemente, hasta que la natilla cubra la parte posterior de una cuchara de madera como una crema espesa. También puede usar un termómetro de caramelo para saber cuándo está lista; la temperatura deberá llegar a 82°C.

5 Pase la natilla por un colador fino a un tazón grande y deje enfriar, revolviendo ocasionalmente para prevenir que se forme una nata.

6 Cuando esté fría, añada unas gotas de agua de azahar y pruébela: ¿necesita más? De ser así, agregue 1 o 2 gotas adicionales; no olvide que las mezclas necesitan saborizarse más si se comerán congeladas.

7 Bata en una máquina para hacer helado hasta que esté firme, luego páselo a un recipiente y selle para guardarlo en el congelador. Si no tiene una máquina para hacer helado, congele en un recipiente poco profundo, batiendo durante el congelamiento (ver página 56).

8 Para disfrutar el sabor, consúmalo pronto, dentro de una semana. Ablande el helado a temperatura ambiente de 10 a 15 minutos antes de servir. Nosotros congelamos bolitas de este helado sobre manteles antiadherentes de silicón para servirlas con rapidez.

SIRVA EN DELICADAS BOLITAS SOBRE JALEA DE NARANJA SANGUINA (PÁGINA 32), CON UN CHORRITO DE *COULIS* DE MARACUYÁ (PÁGINA 11) Y ACOMPAÑADO DE UN *FINANCIER* (PÁGINA 173)

Helado de chocolate y tomillo

La *pâte à bombe* le da a este inusual helado una textura maravillosamente ligera, mientras que el tomillo le imparte un sabor intrigante. Es esencial que el chocolate amargo sea de alta calidad.

1 Prepare la *pâte à bombe* y reserve.

2 Coloque la leche y el azúcar en una olla y lleve lentamente a hervor. Retire del fuego, añada los ramitos de tomillo y reserve, ponga en infusión por 20 minutos. Cuele para quitar el tomillo.

3 Mientras, trocee el chocolate y coloque en un tazón refractario grande. Lleve la crema casi a hervor, y vierta lentamente sobre el chocolate, mezcle bien hasta derretir. Agregue y bata con la infusión de leche con tomillo y deje enfriar a temperatura ambiente.

4 Incorpore suavemente la *pâte à bombe* cuando la mezcla de chocolate se haya enfriado. Bata y congele igual que el Helado clásico de vainilla (página 57).

PARA PREPARAR UNOS 1.2 l

1 porción de *Pâte à bombe* (página 198)

250 ml de leche entera

50 g de azúcar refinado

4 o 5 ramitos de tomillo fresco

200 g de chocolate amargo (mínimo 60% cacao)

250 ml de crema para batir

SIRVA SOLO O CON UNA SELECCIÓN DE HELADOS, COMO VAINILLA (PÁGINA 57), CIRUELA PASA Y ARMAÑAC (PÁGINA 63) O CHISPAS DE CHOCOLATE (PÁGINA 58), COMO SE MUESTRA

Helado herbal de angélica

Si en su jardín crece la hierba angélica, no dude en probar este original helado. Nosotros asociamos la hierba angélica con helados de *tutti frutti* y decoraciones para pasteles, pero su historia es mucho más ilustre. ¿Sabía usted, por ejemplo, que esta hierba antigua es el principal sabor del Chartreuse verde?

1 Prepare la *pâte à bombe* y reserve.

2 Coloque la crema y la leche en una olla, añada los tallos de angélica picados y el azúcar; lleve lentamente a hervor. Retire del fuego, reserve y ponga en infusión por 20 o 30 minutos. Pase por un colador y deseche la hierba angélica. Deje enfriar.

3 Mezcle la *pâte à bombe* con la infusión de crema y leche con hierba angélica. Si usa la hierba angélica cristalizada, enjuague para quitar el azúcar, seque a palmaditas y pique finamente.

4 Bata la mezcla como lo hace para el Helado clásico de vainilla (página 57); si usa hierba angélica cristalizada, añada cuando la mezcla esté a medio congelar. Siga batiendo hasta que esté casi firme y congele igual que el helado de vainilla.

Nota: *Si no consigue hierba angélica fresca, prepare la infusión de leche y crema con 100 g de angélica cristalizada, que encuentra en tiendas especializadas.*

PARA PREPARAR UNOS 1.2 l

1 porción de *Pâte à bombe* (página 198)

250 ml de leche entera

250 ml de crema para batir

50 g de tallos de hierba angélica picados (ver nota)

50 g de azúcar refinado

EL HELADO DE HIERBA ANGÉLICA ES MUY BUENO CON REBANADAS DE PIÑA Y KIWI

Helado de regaliz

PARA PREPARAR UNOS 600 ml

350 ml de leche entera

120 ml de crema para batir

2 pequeñas tiras de regaliz (orozuz), o 50 g de caramelos de regaliz

8 yemas de huevos de rancho grandes

40 g de azúcar mascabado

40 g de azúcar refinado

Se ha renovado el gusto por el regaliz como saborizante ahora que se pueden comprar tiras en las tiendas naturistas; el regaliz sirve para preparar unos postres fabulosos. Este helado puede no tener un color atractivo, pero sabe muy rico. Si no puede encontrar el regaliz en tiras, úselo en caramelo.

1 Ponga la leche, la crema y las tiras o caramelos de regaliz en una olla de fondo grueso y lleve a hervor. Si usa caramelos, mezcle hasta que se disuelvan. Si usa tiras, ponga en infusión unos 30 minutos después de retirar del fuego.

2 Mientras, bata las yemas y los azúcares en un tazón hasta que espesen y obtenga una consistencia cremosa. Lleve otra vez la mezcla cremosa a hervor, y gradualmente vierta un tercio sobre el azúcar y las yemas, en chorritos, mezcle bien.

3 Pase la mezcla por un colador de nuevo a la olla y ponga al fuego más lento que sea posible de unos 5 a 7 minutos, hasta que la natilla empiece a espesarse; mezcle ocasionalmente. No deje que llegue a hervor o se cortará. La natilla estará lista cuando pueda trazar una línea firme al pasar un dedo por la parte posterior de la cuchara.

4 Vierta la natilla en un tazón frío y deje enfriar, revolviendo ocasionalmente para evitar que se forme una nata. Refrigere.

5 Bata y congele como el Helado clásico de vainilla (página 57). Ablande a temperatura ambiente por 10 o 15 minutos antes de servirlo en pequeñas bolas, o raspe virutas con una cuchara grande de metal.

Helado de ciruela pasa y armañac

La ciruela pasa tiene una gran variedad de usos, así que le sugiero que prepare una receta doble; guarde en un frasco grande con taparrosca en el refrigerador. Sirva unas cucharaditas sobre arroz con leche caliente o sobre helado para darle un golpe de sabor.

1 Para preparar las ciruelas pasas, deshuéselas y píquelas en trozos del tamaño de una uva pasa grande. Colóquelas en una olla con el armañac, azúcar y agua. Corte la vaina de vainilla a lo largo, saque las semillas con el reverso del filo de un cuchillo y añádalas a la olla; reserve la vaina.

2 Lleve lentamente a hervor y retire del fuego; ponga en infusión por 24 horas antes de pasarlo a un frasco con taparrosca. Refrigere hasta usarlo.

3 Para el helado, prepare la *pâte à bombe* y reserve. Ponga la leche y la crema en una olla, añada la vaina de vainilla reservada y lleve a hervor. Retire del fuego y ponga en infusión hasta enfriar. Deseche la vaina de vainilla y mezcle la leche cremosa con la *pâte à bombe*. Refrigere.

4 Bata y congele como el Helado clásico de vainilla (página 57), añadiendo las ciruelas pasas maceradas con licor cuando esté casi congelada. Siga batiendo hasta que esté firme y congele igual que el helado de vainilla.

PARA PREPARAR UNOS 1.2 l
CIRUELA PASA MACERADA:
150 g de ciruela pasa
125 ml de armañac
HELADO:
1 porción de *Pâte à bombe* (página 198)
120 ml leche entera
120 ml de crema para batir

COMBINA ESTUPENDAMENTE CON POSTRES NAVIDEÑOS Y LAS TARTAS DE CARNE

Helado de plátano

El helado de plátano hecho en casa es fabuloso, sobre todo cuando acompaña ensaladas de fruta caliente, *crumbles* y pays de manzana. Para obtener el mejor sabor use plátanos bien maduros aunque la cáscara tenga manchitas y estén ligeramente blandos.

1 Ponga la crema, leche, sal y 2 cucharadas de azúcar en una olla grande antiadherente a fuego lento. Pique los plátanos finamente y añada a la olla. Lleve a hervor y mantenga a fuego lento de 10 a 15 minutos. Machaque los plátanos contra las paredes de la olla mientras se cocinan.

2 Mientras, bata el resto de azúcar y las yemas en una olla grande hasta formar una crema espesa.

3 Cuele la leche cremosa a una jarra, y viértala sobre la mezcla de yemas y azúcar, mezclando bien con un batidor de globo. Ponga la olla a fuego muy lento, batiendo con una cuchara de madera hasta que se espese ligeramente; toma unos 10 a 15 minutos. No deje que la mezcla hierva o se cortará. La natilla está lista si puede trazar una línea firme al pasar un dedo por la parte posterior de la cuchara. Pase por un colador a un tazón.

4 Deje enfriar, revolviendo para que se forme una nata; cubra y refrigere. Bata y congele como el Helado clásico de vainilla (página 57).

Para preparar casi 1 l
300 ml de crema para batir
350 ml de leche entera
¼ de cucharadita de sal marina
130 g de azúcar refinado
4 plátanos grandes y maduros
5 yemas de huevos de rancho grandes

ESTE RICO Y CREMOSO HELADO ES EXCELENTE SI LO SIRVE CON PLÁTANOS EN JARABE DE CARAMELO Y RON (PÁGINA 24)

PARFAITS

Los *parfaits* son el máximo postre helado que se puede preparar con antelación, perfectos para agasajar. Se pueden congelar anticipadamente, ya sea en moldes individuales o grandes, y pueden servirse poco después de sacarlos del congelador. Si los congela en terrinas o moldes para panqué, desmolde y corte en rebanadas mientras todavía está helado. En el restaurante usamos moldes de formas *chic* para los *parfaits* individuales, como pirámides y cubos, pero un clásico molde para postre luce igual de bien. (Puede incluso usar pequeños botes de yogurt.) Una vez congelados, los *parfaits* pueden desmoldarse y envolverse bien en plástico y guardarse en el congelador hasta por 1 mes. Deje que los *parfaits* más grandes se ablanden a temperatura ambiente de 5 a 10 minutos antes de rebanar para servir.

Nota: *Algunos* parfaits *incluyen clara de huevo cruda; quienes sean susceptibles a la salmonella, evítenlos.*

Semifrío de fresa y vainilla

6 A 8 PORCIONES

1 porción de *Pâte à bombe* (página 198)

250 g de fresas, sin tallos

125 g de grosellas, sin tallos (o una variedad de moras)

200 ml de crema para batir

1 vaina de vainilla

Un *parfait* muy simple: puré de fruta fresca mezclado con *pâte à bombe* y crema para batir. Prepárelo cuando las fresas estén en su punto, llenas de sabor y color, cualidades imprescindibles para los postres congelados. Idealmente, sirva los *parfaits* rebanados acompañados de algunas fresas silvestres o una variedad de moras y chorritos de *coulis* de fruta.

1 Prepare la *pâte à bombe*. Licue la fruta hasta obtener un puré homogéneo, cuele si prefiere eliminar las semillas. Incorpore el puré a la *pâte à bombe*. Cubra y refrigere la mezcla por 1 hora.

2 Vierta la crema en un recipiente. Corte la vaina de vainilla a lo largo y extraiga las semillas para agregarlas a la crema. Bata la crema hasta un término $3/4$ (cuando apenas empieza a formar picos suaves).

3 Incorpore la crema de vainilla a la mezcla de fresas, después congele en un molde para panqué de 1.2 l o en moldes individuales.

4 Para desmoldar un *parfait* grande, hunda la base del molde en agua tibia por unos segundos, después voltee sobre una tabla y ablande a temperatura ambiente de 5 a 10 minutos antes de rebanar. Desmolde los *parfaits* individuales directamente sobre platos para servir.

SON TENTADORES SI LOS DECORA CON UNA VARIEDAD DE MORAS Y CHORRITOS DE *COULIS* DE GROSELLA NEGRA (PÁGINA 12)

Parfait de turrón

El turrón o *nougat* se asocia con el pueblo francés de Montelimar y ha sido un favorito en el mediterráneo por siglos. Se trata de un dulce chicloso, hecho de azúcar, clara de huevo y miel, hervido y mezclado con frutas glaseadas y nueces picadas. Tomándolo como base, lo combinamos con *pâte à bombe*, merengue, crema batida, *nougatine* y frutas cristalizadas para crear un *parfait* helado y cremoso que se derrite en la boca. Es ideal prepararlo en fechas navideñas, cuando puede comprar excelentes frutas cristalizadas en los supermercados y delicatesen. El resultado es llamativo, especialmente si sirve el *parfait* con una salsa fresca y mentolada de mango, una de mis favoritas.

1 Primero prepare la *nougatine*. Coloque el azúcar y el agua en una olla de fondo grueso y disuelva a fuego lento, removiendo ocasionalmente con una cuchara de madera hasta que la solución de azúcar esté transparente. Aumente el fuego y cocine el almíbar unos 7 minutos, hasta obtener un color caramelo claro. Retire del fuego y agregue las avellanas, mezclando. De inmediato vierta sobre una charola antiadherente para hornear, nivele y deje enfriar.

2 Prepare la *pâte à bombe* y reserve.

3 Cuando la *nougatine* esté fría y quebradiza, rómpala en trozos y muela con un rodillo. Lave las frutas cristalizadas en agua tibia para quitar el exceso de azúcar. Seque a palmaditas, después pique en trozos de 1 cm.

4 Coloque la crema en un recipiente y bátala hasta un término $^3/_4$ (cuando apenas empieza a formar picos suaves). En otro bol, bata las claras con el jugo de limón amarillo a punto de turrón; después gradualmente agregue el azúcar refinado, batiendo, para formar un merengue firme y brillante.

5 Incorpore la crema batida en la *pâte à bombe*, y después incorpore en el merengue. Agregue la *nougatine*, las frutas cristalizadas, las pasas y los pistaches, e incorpore hasta que estén apenas mezclados uniformemente. Vacíe en un molde de 1.2 l o en moldes individuales, y congele hasta que estén firmes.

6 Para desmoldar, meta la base de los moldes en agua tibia por 1 segundo, después invierta sobre platos para servir. Si hizo un *parfait* grande, desmolde sobre una tabla para picar y ablande por 5 o 10 minutos antes de rebanar.

6 A 8 PORCIONES

NOUGATINE:

150 g de azúcar refinado

3 cucharadas de agua

3 cucharadas de avellanas

PARFAIT:

1 porción de *Pâte à bombe* (página 198)

300 ml de crema para batir

2 claras de huevos de rancho grandes

1 chorrito de jugo de limón amarillo

80 g de azúcar refinado

FRUTA Y NUECES:

100 g de frutas cristalizadas, como rebanadas de naranja y piña

3 cucharadas de pasas

40 g de pistaches sin sal, picados toscamente

EXQUISITOS BAÑADOS CON ALMÍBAR DE MANGO Y MENTA (PÁGINA 12)

Parfait de castaña

6 A 8 PORCIONES

1 porción de *Pâte à bombe* (página 198)

1 lata de puré dulce de castaña, de unos 200 g

50 g de azúcar moreno

2 cucharadas de licor de castaña o ron

300 ml de crema para batir, ligeramente batida

4 *marrons glacés*, picados (opcional)

RICO CON HIGOS ASADOS CON ALMÍBAR
BALSÁMICO ESPECIADO (PÁGINA 42), O CON
PUDÍN NAVIDEÑO O TARTAS DE CARNE

Si le gustan los helados de nuez, pruebe este. Es una versión simplificada de mi *parfait* de castaña fresca, saborizado con puré dulce de castaña y *marrons glacés*, en vez de nueces frescas. Podría encontrar *marrons glacés* en la zona gourmet de un buen almacén o delicatesen; aunque algo caros, a veces pueden comprarse a granel. Si puede, trate de conseguir una botella de licor de castañas.

1 Prepare la *pâte à bombe* y refrigere.

2 Licue el puré de castaña con el azúcar y licor o ron, hasta obtener una consistencia homogénea y cremosa. Bata la crema ligeramente en un recipiente, hasta formar picos suaves.

3 Incorpore suavemente la mezcla a la *Pâte à bombe*, seguida de la crema batida y *marrons glacés* picados (si los está utilizando). Con un cuchara, sirva en un molde de 1 l y congele.

4 Para desmoldar, meta la base del molde en agua tibia por unos segundos, después invierta sobre una tabla para cortar. Deje que el *parfait* se ablande por 5 o 10 minutos. Sírvalo cortado en rebanadas.

Parfait de té de jazmín y limón

6 A 8 PORCIONES

300 ml de crema para batir

5 g de hojas de té de jazmín

125 g de azúcar refinado

1 porción de *Pâte à bombe* (página 198)

4 limones verdes, jugo

4 cucharadas de jugo de piña

2 claras de huevos de rancho grandes

1 cucharadita de jugo de limón amarillo

Por su sabor ligero y veraniego, lo encontrará disfrutable con duraznos, nectarinas y frutos rojos.

1 Coloque la mitad de la crema en una olla con las hojas de té y 25 g de azúcar. Lleve justo a hervor, removiendo. Vierta en un jarro y deje enfriar, después refrigere por unas 24 horas. Pase por un colador fino.

2 Prepare la *pâte à bombe* y reserve. Coloque el jugo de limón y piña en una olla pequeña y hierva hasta reducir a la mitad. Deje enfriar, después mezcle con la *pâte à bombe* y la infusión de crema.

3 En otro recipiente, bata las claras de huevo con jugo de limón amarillo hasta formar picos suaves, después agregue gradualmente el resto de azúcar, hasta obtener un merengue firme y brillante. Incorpore a la mezcla de *pâte à bombe*.

4 Bata la crema restante hasta que apenas espese, después incorpore con cuidado, manteniendo la mezcla ligera. Vierta en un molde de 1 l y congele.

5 Para desmoldar, meta la base del molde en agua tibia por unos segundos, después invierta sobre una tabla. Deje que el *parfait* se ablande por 5 o 10 minutos. Sirva cortado en rebanadas.

Parfait de mango y maracuyá

Los mangos dulces y perfumados tienen un sabor sublime. Por suerte, casi siempre los podemos conseguir en las tiendas cuando los necesitamos. En pleno verano se encuentran en su punto más perfumado; la variedad Ataulfo se considera la mejor para usar en este postre. Para realzar su fragancia agrego jugo fresco de maracuyá.

1 Prepare la *pâte à bombe* y reserve.

2 Pele los mangos y corte la pulpa separándola del hueso; deberá obtener unos 350 g. Pique toscamente y licue hasta obtener una mezcla homogénea, raspe las paredes de la licuadora una o dos veces para bajar la pulpa. Pase por un colador fino, presionando la mezcla con la parte posterior de un cucharón; cubra y refrigere.

4 Bata las claras de huevo y jugo de limón en un recipiente hasta formar picos suaves, después gradualmente agregue el azúcar, sin dejar de batir, hasta obtener un merengue suave y brillante. Bata la crema en otro recipiente hasta formar picos.

5 Incorpore la pulpa de fruta fría a la *pâte à bombe*, y después añada esta mezcla al merengue. Finalmente incorpore la crema batida.

6 Con una cuchara, vierta en un molde de 1.2 l o en 8 o 10 moldes individuales y congele.

7 Para servir, desmolde un *parfait* grande metiendo el molde en agua tibia por unos segundos, después invierta sobre una tabla. Deje enfriar de 5 a 10 minutos antes de rebanar. Desmolde los *parfaits* individuales directamente sobre platos para servir.

8 PORCIONES

1 porción de *Pâte à bombe* (página 198)
2 mangos maduros grandes
3 maracuyás maduros
2 claras de huevos de rancho grandes
1 chorrito de jugo de limón amarillo
100 g de azúcar refinado

ROCÍE ALREDEDOR CON *COULIS* DE FRAMBUESA, FRESA O KIWI (PÁGINA 11). ENCANTADOR CON *TUILES* DE NUEZ (PÁGINA 170) O LENGUAS DE GATO (PÁGINA 173)

Parfait de durazno

Prepare este hermoso *parfait* refrescante en pleno verano cuando los duraznos blancos —mis favoritos de todos los tiempos— están en temporada. Fuera de temporada, puede usar otros duraznos jugosos o nectarinas con mucho sabor.

1 Prepare la *Pâte à bombe* y reserve. Prepare el almíbar y agregue las hojas de albahaca mientras todavía esté caliente; ponga en infusión por unos 30 minutos, mientras el almíbar se enfría, después cuele.

2 Mientras, para pelar los duraznos: sumérjalos en agua hirviendo por 30 segundos, después en agua helada; saque y pele, después parta a la mitad y quite el hueso.

3 Escalfe las mitades de durazno suavemente en el almíbar por unos 10 minutos, después cuele (el almíbar se puede volver a utilizar). Licue los duraznos hasta obtener un puré, después vierta en un recipiente y agregue el licor sin dejar de mezclar.

4 En otro recipiente bata las claras de huevo con el jugo de limón amarillo hasta formar picos suaves; agregue gradualmente el azúcar, batiendo, para formar un merengue firme y brillante.

5 Bata la crema hasta que apenas comience a elevarse, después incorpore al puré de durazno junto con el merengue.

6 Con una cuchara vierta en un molde de 1.2 l o en 8 o 10 moldes individuales y congele.

7 Para servir, meta el molde de *parfait* grande en agua tibia por unos segundos, después invierta sobre una tabla. Deje enfriar de 5 a 10 minutos antes de rebanar. Desmolde los *parfaits* individuales directamente sobre platos para servir. Decore con rebanadas de durazno deshidratado y cubra con hojas de albahaca cristalizadas, si lo desea.

HOJAS CRISTALIZADAS Remoje pequeñas hojas de albahaca, menta o cilantro en clara de huevo ligeramente batida, después espolvoree generosamente con azúcar refinado. Coloque en una charola forrada con papel para hornear y deje secar durante toda la noche en un lugar seco y cálido.

8 A 10 PORCIONES
1 porción de *Pâte à bombe* (página 198)
500 ml de Almíbar simple (página 200)
6 hojas grandes de albahaca
4 duraznos blancos grandes
1 cucharada de licor de durazno
2 claras de huevos de rancho medianos
1 chorrito de jugo de limón amarillo
100 g de azúcar refinado
150 ml de crema para batir
PARA SERVIR (OPCIONAL):
hojas de albahaca cristalizadas
   (ver al final de la receta)
rebanadas de duraznos deshidratados
   (página 46)

SENSACIONALES ACOMPAÑADOS DE DURAZNOS ASADOS CON SALSA DE CARAMELO A LA NARANJA (PÁGINA 34)

SORBETES

Los sorbetes son nieves con una textura fina, maravillosamente refrescante. Es mejor si se preparan en una máquina para hacer helados, ya que quedan tan suaves y sedosos que la cuchara se desliza en ellos. Tienen como base un almíbar, simple o saborizado, según la receta. Para un sabor ideal, sirva los sorbetes poco después de congelarlos, o por lo menos dentro de una semana. Si los congela con antelación, tendrá que ablandarlos por unos 10 minutos a temperatura ambiente antes de servirlos. De lo contrario será difícil sacar una bola o raspar con una cuchara.

Sorbete de fresa

PARA PREPARAR UNOS 750 ml
500 g de fresas, sin tallos
1 limón amarillo grande, jugo
200 ml de agua
250 g de azúcar refinado
3 cucharadas de glucosa líquida

Para este sorbete que se derrite en la boca, escoja fresas maduras y perfumadas cultivadas localmente. Realmente hacen toda la diferencia en el sabor y es increíble cómo el jugo de limón lo intensifica. Sirva en vasos elegantes, acompañado de galletas dulces si lo desea.

1 Coloque las fresas y el jugo de limón en la licuadora o el procesador de alimentos y licue hasta obtener un puré. Vierta en una olla, lleve a hervor y mantenga hasta reducir a la mitad. Deje enfriar ligeramente, después pase la pulpa por un colador fino a un recipiente, para quitar las semillas. Reserve para enfriar por completo.
2 Mientras, coloque agua, azúcar y glucosa en una olla de fondo grueso y caliente suavemente hasta que se disuelva el azúcar y se forme un almíbar transparente. Lleve a hervor y mantenga por 5 minutos. Deje enfriar.
3 Mezcle el almíbar con el puré de fresa. Cubra y refrigere bien.
4 Bata la mezcla en una máquina para hacer helados hasta que casi se congele, vierta en un recipiente que selle bien y congele. También puede congelarla en un molde no muy profundo, batiéndola dos o tres veces mientras se congela. Sirva pequeñas bolas o la raspadura.

Sorbete de tres melones

Esta mezcla que se derrite en la boca es la manera perfecta de terminar ligeramente una comida. La temporada ideal para prepararla es a finales del verano, cuando hay melones maduros y perfumados en abundancia. Necesitará de distintas variedades para un mejor balance de sabores. Para saber si los melones están maduros y jugosos, rasque ligeramente la cáscara y huela; deberá sentir un dulce aroma. El melón cantaloupe de pulpa naranja y la granadina, le dan al sorbete un lindo color rosa.

1 Corte 3 melones a la mitad y deseche las semillas. Coloque la pulpa, junto con los jugos que salgan, en un procesador de alimentos (o licuadora) y licue hasta obtener un puré; vierta en un recipiente, cubra y refrigere (es posible que necesite hacerlo en tandas).

2 Coloque agua, azúcar y glucosa en una olla de fondo grueso y caliente suavemente hasta formar un jarabe. Lleve a hervor y mantenga de 2 a 3 minutos. Enfríe, después agregue el jugo de limón y la granadina, mezclando. Refrigere.

3 Mezcle el jarabe con el puré de melón. Bata en una máquina para hacer helados hasta que casi se congele, después meta al congelador en un recipiente sellado. O vacíe en un molde poco profundo, batiendo dos o tres veces mientras endurece. Sirva pequeñas bolas o la raspadura.

PARA PREPARAR UNOS 2 l

1 melón chino o cantaloupe maduro

1 melón verde maduro

1 melón valenciano o gota de miel maduro

500 ml de agua

350 g de azúcar refinado

3 cucharadas de glucosa líquida

1 limón amarillo, jugo

1½ cucharadas de granadina

Sorbete de frambuesa

Un hermoso sorbete morado-rojizo que podría comer todo el día. Necesita frambuesas frescas producidas localmente en temporada (como es natural, personalmente prefiero las escocesas, son las mejores). El almíbar es fuerte para acentuar el sabor de la fruta.

1 Coloque las frambuesas en un procesador de alimentos con el jugo de limón y licue hasta obtener un puré uniforme, vierta a un recipiente, cubra y refrigere.

2 Mientras, coloque el agua y el azúcar en una olla de fondo grueso y disuelva a fuego lento hasta formar un almíbar transparente, entonces, aumente el fuego a medio y hierva por 5 minutos. Agregue la glucosa, mezclando, deje enfriar.

3 Una el almíbar con el puré de frambuesa. Pase por un colador fino para quitar las semillas, presionando la mezcla con la parte posterior de un cucharón.

4 Bata en una máquina para hacer helados hasta que casi se congele, después transfiera a un recipiente de plástico y congele. También puede vaciarlo en un recipiente poco profundo, batiendo dos o tres veces mientras se congela. Sirva pequeñas bolas o la raspadura.

PARA PREPARAR 1 l

700 g de frambuesas

1 limón amarillo pequeño, jugo

300 ml de agua

200 g de azúcar refinado

3 cucharadas de glucosa líquida

Sorbete de *fromage frais*

PARA PREPARAR 1 l

350 ml de agua
225 g de azúcar refinado
3 cucharadas de glucosa líquida
2 cucharadas de jugo de limón amarillo
250 g de *fromage frais*
3 cucharadas de *crème fraîche*
3 cucharadas de yogurt natural
3 cucharadas de crema para batir

Es realmente refrescante. Maravilloso si lo sirve entre un plato y otro, sin duda más rico que el dulcísimo sorbete de limón amarillo que sirven en algunos restaurantes. Sugiero utilizar *fromage frais*, pero puede reemplazarlo con mascarpone si desea un sorbete más cremoso.

1 Coloque agua, azúcar y glucosa en una olla de fondo grueso a fuego lento. Una vez que se disuelve el azúcar, aumente el fuego y hierva por 3 minutos. Enfríe, después agregue el jugo de limón amarillo, revolviendo. Refrigere.

2 Bata juntos el *fromage frais*, *crème fraîche*, yogurt y crema en un recipiente hasta formar una crema homogénea. Cubra y refrigere.

3 Cuando casi se congele, agregue el almíbar y mezcle muy bien.

4 Bata en una máquina para hacer helados hasta que esté casi firme, después transfiera a un recipiente, selle y congele. Si no tiene una máquina para hacer helados, refrigere en un molde poco profundo, y bata dos o tres veces mientras se congela. Sirva pequeñas bolas o la raspadura.

Sorbete de plátano y maracuyá

PARA PREPARAR 1 l

8 maracuyás maduros
4 plátanos grandes y maduros
1 cucharadita de ralladura de limón amarillo
300 ml de agua
125 g de azúcar refinado
3 cucharadas de glucosa líquida

Este es uno de los sorbetes más populares en mi restaurante. La clave de su éxito es usar fruta con mucho sabor. Elija maracuyás con pieles arrugadas, un indicador de su madurez. También escoja plátanos bien maduros: los que tienen manchas en la cáscara tendrán más sabor.

1 Corte los maracuyás a la mitad, saque la pulpa y colóquela en una olla pequeña. Caliente a fuego bajo para despegar la pulpa de las semillas. Pase por un colador fino, presionando la mezcla con una cuchara de madera; deseche las semillas.

2 Machaque los plátanos con un tenedor hasta obtener un puré, después mezcle bien con el jugo de maracuyá y la ralladura de limón.

3 Transfiera a una olla y agregue agua, azúcar y glucosa. Mezclando ocasionalmente, lleve a hervor y manténgalo a fuego bajo por 1 o 2 minutos. Deje enfriar, cubra y refrigere.

4 Bata en una máquina para hacer helados hasta que esté cremoso y casi firme, después transfiera a un recipiente, selle y congele. Si no tiene una máquina para hacer helados, congele la mezcla en un molde poco profundo, batiendo dos o tres veces mientras se congela.

5 Si lo congela con mucha antelación, deje 10 minutos a temperatura ambiente antes de servir.

Sorbete de manzana verde

El color verde pálido de este sorbete es tentador: es casi virginal y su sabor limpio y afrutado es divino. Sirva solo o con *tarte tatin* de manzana, frutas asadas o un plato de fresas frescas.

1 Corte las manzanas en cuatro y descorazone, pero no las pele; después barnice con el jugo de limón amarillo. En un recipiente de plástico no muy profundo, coloque en una sola capa y congele por al menos 1 hora.

2 Mientras, en una olla de fondo grueso disuelva el azúcar en el agua, a fuego lento. Lleve a hervor y mantenga a fuego medio por 5 minutos. Deje enfriar, después agregue la glucosa, mezclando.

3 Licue las manzanas frías, agregando $^1/_3$ parte del almíbar gradualmente para obtener un puré fino. Cuando sea necesario, raspe la mezcla que se adhiere a las paredes para reintegrarla al puré.

4 Integre el resto del almíbar, después pase por un colador, presionando la mezcla con la parte posterior de un cucharón para extraer la mayor cantidad posible de jugo.

5 Vierta en la máquina para hacer helados. Bata hasta casi solidificarla y después transfiera a un recipiente plástico; selle y congele. También puede congelar la mezcla en un contenedor no muy profundo, batiendo dos o tres veces mientras lo congela. Sírvalo en pequeñas bolas o *quenelles*.

PARA PREPARAR 1.2 l
4 manzanas Granny Smith grandes
1 limón amarillo grande, jugo
200 g de azúcar refinado
400 ml de agua
4 cucharadas de glucosa líquida

Sorbete de jitomate y albahaca

En términos botánicos los jitomates son frutas, así que, ¿por qué no servirlos como postre? Este sorbete es excelente para limpiar el paladar entre un plato y otro. Y además, ¡qué color! Cuanto más sabor tengan los jitomates, mejor el sorbete.

1 Licue los jitomates en un procesador de alimentos o licuadora con la sal, después pase por un colador. Cubra y refrigere toda la noche.

2 Coloque el agua, azúcar y glucosa en una olla de fondo grueso, y caliente a fuego suave hasta obtener un almíbar transparente. Lleve a hervor y mantenga por un par de minutos. Retire del fuego, agregue las hojas de albahaca y deje en infusión mientras se enfría. Cuele y refrigere.

3 Cuando casi se congele, mezcle el puré y la infusión de almíbar. Bata en una máquina para hacer helados hasta que casi se congele, después vierta en un molde, selle y meta en el congelador. O congele en un recipiente poco profundo, batiendo dos o tres veces durante el congelamiento.

4 Sirva bolas pequeñas o raspe virutas en copas cocteleras. Encima coloque ramitos de albahaca y sirva.

PARA PREPARAR 1 l
10 jitomates saladet grandes y maduros
$^1/_4$ de cucharadita de sal marina fina
200 ml de agua
250 g de azúcar extrafino
3 cucharadas de glucosa líquida
30 g de hojas frescas de albahaca,
   y unos ramitos más para servir

EXCELENTE SI LO SIRVE ENTRE UN PLATO
Y OTRO PARA LIMPIAR EL PALADAR

Sorbete de toronja rosa

PARA PREPARAR 1.5 l

5 toronjas rosas maduras

2 toronjas blancas

2 naranjas grandes

270 g de azúcar refinado

450 ml de agua

1 limón amarillo, jugo

3 cucharadas de Campari

Me gusta aprovechar al máximo la toronja rosa cuando comienza su temporada y la utilizo tanto en platillos dulces como salados. Es el encanto de esos segmentos rosados en forma de lágrima, con su sabor ácido y agridulce. Lo combino con cítricos complementarios y con un buen *shot* de Campari para crear este estimulante sorbete.

1 Con un cuchillo filoso, pele las toronjas y las naranjas, quitando toda la piel blanca, después segmente en gajos (retirando las membranas que los contienen) y elimine las semillas. Coloque la fruta en el procesador de alimentos y licue hasta obtener un puré, después pase por un colador. (Quizás tenga que hacerlo en tandas.) Cubra y refrigere.

2 En una olla de fondo grueso y a fuego lento disuelva el azúcar en el agua, después aumente el fuego y hierva por un par de minutos. Enfríe. Agregue el jugo de limón amarillo y Campari, revolviendo, después refrigere.

3 Mezcle el jugo de cítricos con el almíbar. Bata en una máquina para hacer helados hasta que esté casi firme, después congele en un recipiente sellado. Como opción, puede congelar en un molde poco profundo, batiendo dos o tres veces mientras se congela. Sirva pequeñas bolas o la raspadura.

Sorbete de frutos negros y azules

PARA PREPARAR 1 l

500 g de grosellas negras, sin tallos

125 g de zarzamoras silvestres, sin tallos

125 g de moras azules

200 ml de agua

250 g de azúcar refinado

3 cucharadas de glucosa líquida

2 limones amarillos, jugo

Ya que la llegada de las zarzamoras coincide con el final de la temporada de grosellas, las muelo junto con moras azules y un almíbar de limón para hacer esta deliciosa nieve. Puede encontrar zarzamoras desde finales de julio.

1 Lave bien las grosellas y moras, manteniéndolas separadas, después seque. Coloque las grosellas negras en una olla y caliente a fuego bajo hasta reventar la piel. Lleve a hervor y mantenga a fuego lento por 2 o 3 minutos. Retire del fuego y deje enfriar.

2 Coloque agua, azúcar y glucosa en una olla de fondo grueso y caliente suavemente hasta obtener un almíbar transparente. Lleve a hervor y mantenga de 2 a 3 minutos. Enfríe, después agregue el jugo de limón, mezclando. Refrigere.

3 Licue las grosellas negras, las zarzamoras y las moras azules hasta obtener una pulpa. Vierta en un recipiente y refrigere.

4 Mezcle el puré refrigerado y el almíbar. Bata en una máquina para hacer helado hasta que esté casi firme, después congele en un recipiente sellado. O congele en un molde poco profundo, batiendo mientras lo congela. Sirva pequeñas bolas o la raspadura.

Sorbete de mandarina

Las mandarinas tienen un sabor intenso y dulce, perfecto para un delicioso sorbete con un vibrante color naranja. Es sobresaliente si se combina con fresas, pero también es bueno si se come solo servido con *shortbreads* crujientes. Puede utilizar clementinas si todavía no inicia la temporada de mandarinas.

PARA PREPARAR 1 l
1.5 kg de mandarinas
2 limones amarillos, jugo
200 g de azúcar refinado
400 ml de agua
3 cucharadas de glucosa líquida

1 Pele las mandarinas, retire la mayor cantidad posible de piel blanca y licue con el jugo de limón hasta obtener un puré homogéneo; integre la mezcla que se adhiera a las paredes del procesador (quizás tenga que hacer esto en tandas).

2 Mientras, en una olla de fondo grueso disuelva el azúcar en el agua a fuego lento, hasta formar un almíbar transparente; aumente el fuego a medio y hierva por 5 minutos. Deje enfriar.

3 Vierta el puré de mandarina en un recipiente grande y añada la glucosa y el almíbar, mezclando. Pase por un colador, frotando la mezcla con la parte posterior de un cucharón. Cubra y refrigere.

4 Bata en una máquina para hacer helados hasta que casi endurezca; vierta en un recipiente, selle y meta en el congelador. O congele en un molde poco profundo, batiendo dos o tres veces mientras se congela. Sirva pequeñas bolas.

Sorbete de chocolate amargo y brandy

Con la textura de un sorbete puro y el sabor de un chocolate oscuro y amargo, este es un postre único, por decir lo menos. Sin duda es más ligero que un helado de crema y tiene mucho menos calorías. Solo puede prepararse en una máquina para hacer helados, ya que es esencial batirlo constantemente para obtener una cremosa consistencia de chocolate. Me gusta servirlo con Piñas *baby* asadas (página 38) o Rebanadas de mango caramelizado (página 42).

PARA PREPARAR UNOS 800 ml
250 ml de leche
250 ml de agua
150 g de azúcar refinado
3 cucharadas de glucosa líquida
3 cucharadas de brandy
200 g de chocolate amargo (60% cacao)

1 Coloque leche, agua, azúcar y glucosa en un sartén de fondo grueso y lleve lentamente a hervor, mezclando hasta disolver. Retire del fuego y agregue el brandy, revolviéndolo.

2 Parta el chocolate en trozos y agregue a la leche, mezclando hasta derretirlo. Regrese al fuego y lleve a un hervor suave. Cocine por 1 o 2 minutos, evitando que se derrame al hervir, después retire del fuego.

3 Enfríe, mezclando una o dos veces para evitar que se forme una nata.

4 Bata en una máquina para hacer helados, hasta que esté firme y cremosa. Sirva pequeñas bolas o *quenelles*.

GRANITAS

Como su nombre lo sugiere, son nieves de agua con texturas granuladas, maravillosamente frescas para esos días de calor abrasador en el verano, cuando desea que su efecto se alargue por mucho tiempo. Ya que solo se raspan ligeramente con un tenedor mientras se congelan, las *granitas* requieren de muy poco esfuerzo para prepararlas y aún menos para comerlas. A diferencia de los helados y sorbetes de texturas finas, estas tienen cristales de hielo grandes; quizá se describan mejor como "raspados". Las *granitas* deben comerse tan pronto como se congelen, su textura debe ser crujiente.

Granita ligera de piña

Una piña bien madura está repleta de jugo dulce y es perfecta para transformarla en una ligera nieve. Los ingredientes son muy simples: puré de pulpa de piña, agua y azúcar.

4 A 6 PORCIONES
1 piña madura y grande
250 ml de agua
75 g de azúcar refinado

1 Corte los extremos de la piña, después colóquela parada sobre una tabla para picar y retire la cáscara con un cuchillo.
2 Elimine los "ojos". La manera más sencilla de hacerlo es cortar triángulos angostos en diagonal, siguiendo el contorno de los "ojos" (como se ilustra). Corte la piña a lo largo en 4 trozos y revuelva el corazón. Pique toscamente la pulpa y coloque en un procesador de alimentos o licuadora con agua y azúcar. Licue hasta obtener un puré.
3 Moje en agua fría un trozo grande de manta de cielo y utilícelo para cubrir un colador grande, colocándolo sobre un recipiente. Vierta el puré de fruta en el colador y deje que el jugo pase a gotas; puede tomar de 2 a 3 horas, pero obtendrá un líquido transparente. De ser necesario, puede acelerar el proceso si junta los extremos de la manta y los tuerce suavemente para "exprimir" el jugo.
4 Cuando haya obtenido la mayor cantidad posible de jugo, vierta en un recipiente poco profundo y colóquelo en el congelador unas 2 horas hasta que se congele la base y los lados. Saque del congelador y bata ligeramente con un tenedor para mezclar los cristales de hielo con el líquido. Regrese al congelador, y mientras se congela, bata con el tenedor dos veces más para lograr una textura granular.
5 Para servir, raspe virutas del bloque de *granita* con una cuchara o tenedor resistentes. Sirva de inmediato en copas de vino.

Granita de té de limón

6 A 8 PORCIONES
500 ml de agua
125 g de azúcar refinado
3 cucharadas de glucosa líquida
1 limón amarillo, jugo
4 tallos de té de limón, picado
1 ramito grande y fresco de hierbabuena
1 limón verde o 1 limón amarillo pequeño, la ralladura

Una nieve realmente refrescante con una sutil fragancia y un toque tropical de sabor. Sirva en copas elegantes o platos para *sundae*.

1 Caliente agua, azúcar y glucosa lentamente en una olla de fondo grueso, revolviendo ocasionalmente, hasta que el azúcar se disuelva. Aumente el fuego y hierva el almíbar por unos 3 minutos.

2 Retire del fuego y agregue el jugo de limón, las hierbas y la ralladura de cítricos, mezclando. Retire para dejar en infusión hasta que se enfríe.

3 Pase la infusión por un colador a un recipiente poco profundo. Congele hasta que casi se solidifique, batiéndolo ligeramente con un tenedor dos o tres veces mientras se congela.

4 Para servir, con una cuchara resistente raspe virutas de *granita*. Sirva de inmediato.

Granita de café *espresso*

6 A 8 PORCIONES
100 g de azúcar
150 ml de agua
2 vainas de cardamomo
1 o 2 tiras de cáscara de naranja
500 ml de café fresco y fuerte, frío

Es lo máximo en café helado. Primero prepare un café muy fuerte, después mézclelo con almíbar en una proporción de 2 a 1. Si tiene una máquina casera de *espresso*, esta receta es perfecta para que la use. Cuanto más intenso sea el sabor del café, mejor la *granita*. Yo preparo una infusión con cardamomo y ralladura de naranja para darle un toque árabe, pero puede omitirlos si desea.

1 Coloque el azúcar y el agua en una olla a fuego lento, mezclando ocasionalmente, hasta que se disuelva. Agregue las vainas de cardamomo, la ralladura de naranja y hierva por 3 minutos. Retire del fuego, enfríe por 1 hora, y después deseche los restos de cardamomo y naranja.

2 Mezcle el café con la infusión de almíbar y refrigere.

3 Vierta en un recipiente poco profundo y congele de 2 a 3 horas hasta que casi se solidifique. Tome la *granita* semi congelada e integre los cristales congelados al líquido, mezclando con un tenedor; vuelva a colocar en el congelador. Bata con el tenedor dos veces más mientras se congela para obtener una textura granular.

4 Para servir, raspe virutas del bloque de *granita* con una cuchara resistente. Sirva de inmediato.

mousses, bavaresas y *soufflés*

MOUSSES

Elaboro mis *mousses* con una base de *pâte à bombe* que, en esencia, es yema de huevo batida con almíbar hasta que adquiere una consistencia espesa y cremosa. Se saboriza según la receta, y después se mezcla con merengue firme y crema batida. No se utiliza ningún aditivo para cuajar, así que la textura es homogénea y sedosa. Uno de los secretos para su elaboración es que los componentes tengan consistencias similares. Por ejemplo, debe batir la crema hasta un término $^3/_4$ (cuando apenas comienza a formar picos suaves); el merengue debe tener una firmeza suave, y la *pâte à bombe* también. Igual de importante es que todos estén a la misma temperatura ambiente cuando los mezcle.

Los *mousses* no son adecuados para cuajar y desmoldar. Es mejor cuajarlos en vasos pequeños que puede servir directamente o, desde un recipiente grande, servir cucharadas o *quenelles* (página 50).

Nota: *Los* mousses *–como las bavaresas y los merengues– contienen huevo crudo o apenas cocido. Aunque el riesgo de salmonella es mínimo, las personas susceptibles a padecerla deben evitar estos postres.*

Base de *pâte à bombe*

PARA PREPARAR UNOS 350 ml
100 ml de agua
150 g de azúcar refinado
5 yemas de huevos de rancho grandes

Esta es la receta base para todos los *mousses*. Un termómetro de caramelo es útil para determinar cuándo el almíbar alcanza la temperatura correcta. Prepare la *pâte à bombe* siguiendo el método básico (página 198), asegurándose de batirla hasta que esté realmente espesa y brillante. La *pâte à bombe* debe estar a temperatura ambiente cuando la incorpore a la mezcla de *mousse*.

Base de merengue italiano

PARA PREPARAR UNOS 600 ml
120 g de azúcar refinado
1 cucharadita de glucosa líquida
2 cucharadas de agua
2 claras de huevos de rancho grandes

Esta mezcla que se prepara al unir almíbar caliente con claras de huevo batidas, es más estable que el merengue francés, ya que mantiene firme su forma aunque la prepare con antelación; así que es ideal usarla para los *mousses*. El merengue italiano a menudo se combina con *pâte à bombe*; esta última, convenientemente, aprovecha algunas de las claras. Prepare el merengue siguiendo el método básico (página 197). Una vez que se haya incorporado todo el almíbar, siga batiendo hasta que se enfríe y llegue a temperatura ambiente.

Mousse de piña y anís estrellado

Un *mousse* de piña no puede adquirir consistencia con grenetina porque la fruta contiene una enzima que descompone la proteína que se encarga de cuajar. Mi *mousse* sin grenetina y de textura suave es ideal y sabe increíble.

1 Pele la piña y con un cuchillo saque los "ojos". Rebane a lo largo en cuatro y retire el corazón. Corte toscamente la piña en cubos y seque a palmaditas con papel de cocina. Pese 250 g de fruta y sepárela para preparar el *mousse* (refrigere el sobrante y úselo en una ensalada de frutas).

2 Caliente un sartén grande y de fondo grueso hasta que irradie mucho calor. Ruede la piña en el azúcar para cubrir cada trozo y distribuya sobre el sartén caliente; también agregue el anís estrellado. La fruta deberá dorarse rápidamente. No mezcle hasta que las piezas comiencen a caramelizarse. Una vez que la piña esté bien dorada y suelte almíbar, agregue el ron y cocine hasta reducir. Retire del fuego y deje enfriar.

3 Prepare la *pâte à bombe* y el merengue, y deje enfriar ambas mezclas.

4 Cuando la fruta se enfríe, deseche el anís estrellado y licue hasta obtener un puré.

5 Incorpore el puré al merengue utilizando una espátula o una cuchara metálica, después incorpore la *pâte à bombe*.

6 Finalmente, mezcle la crema en un recipiente hasta que esté suavemente firme e incorpore a la mezcla de *mousse*, usando una cuchara metálica. Sirva en platos individuales o en un refractario grande. Deje enfriar hasta que cuaje ligeramente.

4 A 6 PORCIONES

1 piña dulce madura mediana, 250 g en cubos

50 g de azúcar refinado

2 anises estrellados

2 cucharadas de ron blanco

1 porción de *Pâte à bombe* (página 86)

1 porción de Base de merengue italiano (página 86)

200 ml de crema para batir

Mousse de mango y chocolate amargo

6 PORCIONES

1 porción de *Pâte à bombe* (página 86)

1 porción de Merengue italiano (página 86)

2 chabacanos frescos, o 4 semi deshidratados
   (*mi-cuit*), sin necesidad de remojar

1 mango grande, maduro pero no blando

1 cucharada de menta fresca picada

200 g de chocolate amargo (60% cacao)

300 ml de crema para batir

PARA SERVIR DECORE CON REBANADAS DE
MANGO CARAMELIZADO (PÁGINA 42), COMO
SE ILUSTRA

La sorprendente mezcla de sabores en esta receta combina hermosamente. ¿Por qué no lo sirve como un *mousse* especial para una fiesta?

1 Prepare las mezclas de *pâte à bombe* y merengue, y deje enfriar.

2 Si utiliza chabacanos frescos, corte a la mitad y deshuese, después corte en cuatro. Pele el mango, retire el hueso y pique la pulpa toscamente. Licue el mango y los chabacanos frescos (*mi-cuit*) hasta obtener un puré. Pase por un colador, presionando la mezcla con la parte posterior de un cucharón. Agregue la menta, revolviendo.

3 Derrita el chocolate en un refractario al baño María o en el microondas (página 183), y mezcle hasta deshacer los grumos. Deje enfriar a temperatura ambiente, revuelva ocasionalmente.

4 Agregue el puré a la *pâte à bombe*. Con suavidad, incorpore el chocolate al merengue, después incorpore la mezcla cremosa de frutas.

5 Finalmente, bata la crema hasta obtener suaves picos e incorpore al *mousse*. Con una cuchara sirva en vasos individuales o en un tazón grande, deje enfriar para solidificar.

Mousse de mandarina, tomillo y menta

6 PORCIONES

12 mandarinas

1 limón amarillo, ralladura

2 ramitos de tomillo fresco (si es posible,
   incluya 1 ramito de tomillo de limón)

4 hojas de menta grandes, picadas fino

1 porción de *Pâte à bombe* (página 86)

1 porción de Merengue italiano (página 86)

300 ml de crema para batir

Prepare este refrescante y suave *mousse* después de Navidad, cuando las mandarinas están en su punto o, si no encuentra, puede usar clementinas. En otras temporadas, simplemente reemplace por 500 ml de jugo de naranja fresco y ralladura de naranja normal.

1 Ralle la cáscara de 4 de las mandarinas y reserve. Corte a la mitad toda la fruta y exprima. Deberá obtener 500 ml de jugo.

2 Vierta el jugo de mandarina en una olla y hierva hasta reducirlo a 200 ml. Agregue la ralladura, el tomillo y la menta, mezcle y deje en infusión hasta que se enfríe.

3 Prepare la *pâte à bombe* y el merengue, déjelos enfriar.

4 Pase la infusión de jugo de frutas por un colador fino, removiendo con la parte posterior de un cucharón.

5 Agregue el jugo a la *pâte à bombe*, revuelva hasta deshacer los grumos, después incorpore el merengue. Finalmente, bata la crema en un recipiente hasta formar suaves picos e incorpore al *mousse*. Divida en platos individuales, o sirva en un refractario grande. Deje enfriar hasta que cuaje suavemente.

Mousse de chabacano y canela

Me gusta usar chabacanos cuando llega su temporada, personalmente me gusta la variedad "sonrojada" que llega de Francia a mediados del verano. Este *mousse* tiene un sabor especiado arrebatador, intensificado al caramelizar la fruta.

1 Corte los chabacanos a la mitad y deshuéselos, después corte en cuatro. Caliente un sartén grande y de fondo grueso hasta que irradie mucho calor. Revuelva rápidamente las frutas en el azúcar hasta cubrirlas completamente.
2 Coloque los chabacanos en el sartén en una sola capa, sin encimarlos, y cocine hasta caramelizar ambos lados; no revuelva con frecuencia. Vierta en un bol, agregue las especias, revolviendo, y deje enfriar a temperatura ambiente, mezclando una o dos veces.
3 Mientras tanto, prepare la *pâte à bombe* y el merengue, deje enfriar.
4 Deseche las rajitas de canela (si las usó) y licue los chabacanos hasta obtener un puré.
5 Bata la crema en un recipiente hasta formar picos (ligeramente más firmes de los típicos en un *mousse*) e incorpore el puré de chabacano.
6 Incorpore la *pâte à bombe* y el merengue, después añada la mezcla cremosa de chabacano. Con una cuchara sirva en platos individuales o vierta en un recipiente grande y deje enfriar antes de servir.

Variación

Cuando no encuentre chabacanos, escalfe 300 g de los deshidratados en 150 ml de agua con el azúcar y las especias por 2 o 3 minutos, hasta suavizarlos; retire las especias. Licue hasta obtener un puré. Continúe con el proceso normal.

6 A 8 PORCIONES
500 g de chabacanos maduros, pero no blandos
50 g de azúcar refinado
3 rajitas de canela o 3/4 de cucharadita de canela molida
1/2 cucharadita de nuez moscada recién rallada
1 porción de *Pâte à bombe* (página 86)
1 porción de Merengue italiano (página 86)
300 ml de crema para batir

DELICIOSO CUBIERTO DE CHABACANOS GLASEADOS (PÁGINA 43) Y TROCITOS DE MI CARAMELO CASERO (PÁGINA 201), COMO SE ILUSTRA

Mousse de chocolate y nuez moscada

Un chocolate de calidad, como el Jivara, es una revelación y sirve para preparar un *mousse* perfecto. Una espolvoreada de nuez moscada fresca realza el sabor.

1 Derrita el chocolate en un refractario al baño María o en el microondas (página 183), y revuelva hasta deshacer los grumos. Enfríe a temperatura ambiente, revolviendo ocasionalmente.
2 Prepare la *pâte à bombe* y el merengue, deje enfriar.
3 Con cuidado incorpore el chocolate derretido y la nuez moscada a la *pâte à bombe*, después integre el merengue.
4 Finalmente, bata la crema hasta formar suaves picos e incorpore a la mezcla. Con una cuchara sirva en platos individuales o vierta en un recipiente grande. Refrigere hasta cuajar.

6 A 8 PORCIONES
300 g de chocolate de leche de buena calidad
1 porción de *Pâte à bombe* (página 86)
1 porción de Merengue italiano (página 86)
1 cucharadita de nuez moscada recién rallada
300 ml de crema para batir

BAVARESAS

Las bavaresas tienen un sabor intenso –principalmente frutal– y una textura que se derrite en la boca; se solidifican en recipientes pequeños para desmoldar o en un bol grande para servir *quenelles*. Hay muchos tipos de bavaresas, pero me gusta experimentar con sabores originales y variaciones de las clásicas.

La base de las bavaresas es la crema inglesa en la que se disuelve la grenetina. Esta se combina con un puré de fruta u otro ingrediente saborizante, después se agrega crema batida suavemente. Siempre utilizo grenetina en hoja. Es fácil de usar, simplemente remoje en agua fría antes de añadirla en la natilla caliente, mezclando ligeramente hasta derretirla. De ser necesario, puede utilizar grenetina en polvo como sustituto: una bolsita de 11 g equivale a 4 hojas de grenetina.

Base de bavaresa

PARA PREPARAR UNOS 600 ml
200 ml de leche
200 ml de crema para batir
100 g de azúcar refinado
6 yemas de huevos de rancho grandes
4 hojas de grenetina

Esta crema inglesa —con grenetina— es la base de todas las recetas de bavaresa de este capítulo.

1 Coloque la leche y la crema en una olla de fondo grueso con 1 cucharada de azúcar, caliente y lleve casi a hervor.
2 Mientras tanto, bata las yemas de huevo y el azúcar restante en un recipiente grande hasta obtener una crema pálida y espesa. Cuando la leche esté justo elevándose por los bordes de la olla, vierta un tercio de ésta en pequeñas cantidades sobre la mezcla de huevo y azúcar, mezclando mientras lo hace. Vuelva a colocar esta mezcla en la olla.
3 Sumerja la grenetina en agua fría (troce a la mitad, de ser necesario) y deje suavizar por unos 5 minutos.
4 Mientras, cocine la crema inglesa al fuego más bajo posible, revolviendo con una cuchara de madera por unos 5 minutos, hasta que la natilla espese y esté lista: cuando pueda trazar una línea firme al pasar un dedo por la parte posterior de la cuchara.
5 Saque la grenetina y exprima para eliminar el exceso de agua, después añada a la crema inglesa tibia y bata hasta disolver. Pase por un colador a un recipiente y reserve para enfriar; revuelva una o dos veces. Utilice conforme la requiera.

Bavaresa de chabacano y maracuyá

El jugo de maracuyá fresco y concentrado le da a esta bavaresa una maravillosa intensidad de sabor, lo que justifica el tiempo que toma la preparación. Sin embargo, puede usar 1 cucharada de agua de azahar para acelerar el proceso de preparación; simplemente añádala en la etapa 4, con los chabacanos.

8 A 10 PORCIONES

1 porción de Base de bavaresa (página 92)
250 g de chabacanos deshidratados (*mi-cuit*)
4 maracuyás maduros
200 ml de jugo de naranja fresco
200 ml de crema para batir

1 Prepare la base de bavaresa y deje enfriar.

2 Corte los chabacanos en trozos. Coloque en un recipiente, cubra con agua hirviendo y deje reposar por 10 minutos, después escurra bien.

3 Corte el maracuyá a la mitad y con una cuchara saque la pulpa y ponga en una olla. Agregue el jugo de naranja, revolviendo, lleve a hervor y mantenga hasta reducirlo a 150 ml. Pase por un colador, frotando con una cuchara de madera para extraer la mayor cantidad de jugo posible.

4 Regrese el jugo de maracuyá a la olla y añada los chabacanos. Lleve a hervor y mantenga suavemente por 5 minutos. Deje enfriar ligeramente, después licue hasta obtener un puré. Deje enfriar.

5 Agregue rápidamente el puré a la base de bavaresa fría, mezclando. Refrigere hasta que esté a punto de cuajar a los lados.

6 Bata la crema hasta obtener suaves picos, después incorpore a la mezcla de bavaresa con una cuchara metálica grande. Vierta en moldes individuales ligeramente engrasados o en un tazón grande. Refrigere hasta cuajar.

Para desmoldar una bavaresa: Para asegurarse de que la bavaresa se desmolde fácilmente, frote el interior del molde con aceite de almendras antes de llenarlo. Asegúrese de que la bavaresa esté bien cuajada antes de desmoldarla. Hunda el molde en un recipiente de agua que apenas hirvió, sostenga y cuente hasta tres, después retire. Suavemente separe la mezcla cuajada de las orillas del molde, usando la punta de sus dedos. Voltee sobre un plato pequeño mojado, sacuda con firmeza y la bavaresa debería simplemente caer. Si no lo hace, repita el proceso hasta conseguirlo.

Bavaresa de manzana verde y toronja

8 A 10 PORCIONES
100 ml de jugo de toronja (no rosa)
1 limón amarillo, jugo
4 manzanas Granny Smith
1 porción de Base de bavaresa (página 92)
200 ml de crema para batir

PARA UN IMPRESIONANTE CIERRE CON
BROCHE DE ORO, CUBRA CON REBANADAS
DE MANZANA DESHIDRATADAS (PÁGINA 46)
Y CON UNA BOLA DE SORBETE DE MANZANA
VERDE (PÁGINA 77)

Las bavaresas individuales —salpicadas de motas verdes de cáscara de manzana— lucen muy bonitas. Para realzar su apariencia, sugiero que congele la manzana recién preparada, con todo y cáscara, un día antes. Esto fija el color.

1 Coloque los jugos de toronja y limón amarillo en un recipiente. Corte las manzanas en cuatro y descorazónelas, corte cada cuarto y de inmediato meta en el jugo de cítricos para evitar que se oxide. Con una espumadera transfiera los trozos de manzana a un colador colocado sobre un recipiente para escurrir. Repita con el resto de manzanas; reserve y refrigere el jugo.
2 Una vez que están listas las manzanas, coloque los trozos, sin encimarlos, en una charola para hornear pequeña o un plato grande y congele toda la noche.
3 Al día siguiente, descongele parcialmente las manzanas. Mientras, prepare la base de bavaresa y deje enfriar.
4 Licue los trozos de manzana con el jugo reservado hasta obtener una mezcla homogénea. (Sugiero que lo haga en tandas para evitar forzar su licuadora o procesador.) Vierta esta especie de aguanieve en un recipiente y mantenga en refrigeración.
5 Bata la crema hasta formar suaves picos. Después integre el puré de manzana frío con la base de bavaresa, y de inmediato incorpore la crema batida. Con una cuchara sirva en moldes individuales ligeramente engrasados o en un tazón grande; refrigere para cuajar.

Bavaresa de plátano caramelizado

Los plátanos horneados alcanzan grandes alturas. Es de verdad un postre delicioso, le advierto, podría descubrir que no es capaz de resistirse. Los plátanos deben estar bien maduros, con cáscaras manchadas, pero sin estar demasiado blandos.

1 Caliente un sartén grande de fondo grueso hasta que irradie mucho calor. Mientras tanto, pele los plátanos y corte a lo largo en cuatro. Revuelva rápidamente la mitad de los plátanos en el azúcar y coloque en una sola capa en un sartén caliente. Deberían comenzar a caramelizarse de inmediato.

2 Después de 2 minutos, voltee los plátanos y caramelice el otro lado; cuide de no desbaratarlos. Retire los plátanos del sartén y reserve. Limpie el sartén con papel de cocina (o el caramelo se tornará amargo) y caramelice los plátanos restantes. Deje enfriar ligeramente.

3 Coloque los plátanos caramelizados y 3 cucharadas de licor en el procesador de alimentos o licuadora y licue hasta obtener un puré. Vierta en un recipiente y deje enfriar.

4 Prepare la base de bavaresa y deje enfriar.

5 Incorpore el puré de plátano a la base de bavaresa, batiendo y, si lo desea, agregue 1 o 2 cucharadas de licor adicional. Refrigere hasta que la mezcla comience a cuajar en las orillas. Bata la crema hasta formar picos suaves y añada a la bavaresa con una cuchara metálica. Vierta en moldes individuales engrasados o en un tazón grande; refrigere hasta cuajar.

8 A 10 PORCIONES
4 plátanos grandes y maduros
70 g de azúcar refinado
3 a 5 cucharadas de licor de plátano o Baileys, al gusto
1 porción de Base de bavaresa (página 92)
200 ml de crema para batir

PARA UN POSTRE SUPREMO, SIRVA CON PLÁTANOS EN JARABE DE CARAMELO Y RON (PÁGINA 24), COMO EN LA ILUSTRACIÓN

Bavaresa de *espresso* y almendras tostadas

Necesitará un buen café cargado. ¡Prepárelo usted mismo o consiga un *espresso* con doble carga en un buen lugar para llevar!

1 Prepare la base de bavaresa y deje enfriar.

2 Precaliente el horno a 180°C. Distribuya las hojuelas de almendra en una charola para hornear y tueste en el horno por unos 10 minutos, hasta que se doren; no las pierda de vista, pues se queman rápidamente. Colóquelas en un plato y enfríe; después muélalas hasta obtener un polvo fino. (Puede usar un molino de café.)

3 Integre el café *espresso* a la base de bavaresa, cubra y refrigere.

4 Una vez que la bavaresa comienza a cuajarse en las orillas, bata la crema en un bol hasta formar picos suaves. Incorpore las almendras a la bavaresa de café, después incorpore la crema. Con una cuchara sirva en moldes individuales ligeramente engrasados o en un tazón grande, y regrese al refrigerador hasta cuajar.

8 A 10 PORCIONES
1 porción de Base de bavaresa (página 92)
150 g de almendras en hojuelas
100 ml de café *espresso* fuerte, frío
200 ml de crema para batir

ACOMPAÑE CON LENGUAS DE GATO (PÁGINA 173) O MINIMERENGUES (PÁGINA 179)

SOUFFLÉS

Los *soufflés* calientes están hechos con una base de crema pastelera combinada con una mezcla que le da sabor —un puré de fruta, chocolate derretido o praliné— incorporados a un merengue francés. La mezcla se sirve en ramequines individuales o en un plato para *soufflé*, se hornea de inmediato para conseguir un buen *soufflé*. Los *soufflés* calientes permanecen inflados solo 1 o 2 minutos, así que hay que servirlos rápidamente. Puede preparar la base de crema pastelera y la mezcla de sabor con anticipación, y guardarlas en el refrigerador.

Los *soufflés* calientes cuentan con la magia de la física gastronómica. El aire batido se guarda en burbujas que se forman en la proteína de la clara de huevo. Al aplicar calor, el aire se expande dentro de las burbujas y la proteína se cuaja alrededor de cada una. A medida que se enfría el *soufflé*, el aire se contrae y se filtra hacia afuera, haciendo que el *soufflé* se hunda con gracia. Es esencial usar una temperatura moderada en el horno para darle tiempo al aire de levantarse antes de que se cuaje la proteína.

Para preparar un molde para *soufflé*

Para asegurarse de que la mezcla de *soufflé* "escale" por las orillas del molde, primero debe barnizar el interior con mantequilla blanda, después espolvorearlo con una mezcla en polvo. Si el molde no se prepara correctamente, es posible que el *soufflé* no se infle como debe.

1 Con una brocha aplique hacia arriba pinceladas de una capa de mantequilla blanda. Refrigere.

2 Barnice con una segunda capa de mantequilla de la misma manera justo antes de espolvorear el molde.

3 Para la mezcla en polvo use de 4 a 6 cucharadas de almendras o avellanas molidas (tostadas si lo prefiere) o chocolate amargo rallado finamente. Espolvoree en el molde, agite y gire para cubrir las paredes (y la base) con una capa pareja y generosa.

Nota: Cada una de las siguientes recetas sirve para preparar 6 soufflés individuales en moldes de 150 ml; u 8 soufflés más pequeños en ramequines de 120 ml.

Base de crema pastelera

Esta crema es muy espesa, es similar a la de una pasta *choux*. Hay que cocinarla muy bien y obtener una consistencia perfectamente homogénea antes de incorporarla a la mezcla de *soufflé*.

1 Caliente la leche y la crema en una olla de fondo grueso con 1 cucharada de azúcar, hasta que comience a hervir. Mientras tanto, cierna la harina y la maicena juntas.

2 Bata las yemas de huevo con el azúcar restante en un recipiente grande, después agregue la harina, batiendo, un tercio a la vez.

3 Lentamente vierta encima un tercio de la leche caliente, bata bien para que la mezcla no forme grumos. Regrese de nuevo a la olla.

4 Mezclando con frecuencia, mantenga a hervor suave por 3 o 4 minutos, hasta que espese suavemente. Transfiera a un recipiente, cubra y enfríe, revolviendo ocasionalmente para evitar que se forme una nata.

PARA PREPARAR UNOS 320 ml

150 ml de leche

100 ml de crema pastelera

40 g de azúcar refinado

15 g de harina blanca

10 g de maicena

3 yemas de huevos de rancho grandes

Soufflés de naranja y limón amarillo

Es ligero y refrescante, el plan perfecto para terminar una cena invernal intensa. Prepare la crema pastelera anticipadamente, incorporando el merengue justo antes de hornear. Ya que la mezcla es ligera y delicada, es más apropiada para *soufflés* individuales y no para uno grande.

1 Prepare la base de crema pastelera y agregue la ralladura de cítricos, mezclando. Vierta el jugo de limón y todo el jugo de naranja en una olla, y hierva hasta reducir a 200 ml. Agregue la crema pastelera y reserve para enfriar. Agregue el Grand Marnier, mezclando.

2 Mientras tanto, cubra los ramequines individuales con 2 capas de mantequilla blanda, después espolvoree las almendras o avellanas molidas o el chocolate rallado (ver página anterior). Precaliente el horno a 190°C.

3 Cuando esté casi listo para servir, bata las claras de huevo en un tazón hasta formar picos firmes, después incorpore el azúcar gradualmente, batiendo. Con cuidado incorpore este merengue a la mezcla de cítricos, y sirva con una cuchara en los ramequines preparados. Nivele la superficie con una espátula o la parte posterior de una cuchara. Coloque en una charola para hornear y hornee hasta que inflen y se doren; calcule de 12 a 15 minutos para los ramequines pequeños, de 15 a 18 minutos para moldes más grandes.

4 Coloque los ramequines sobre platos para postre si es necesario. Sirva de inmediato.

6 A 8 PORCIONES

1 porción de Base de crema pastelera (ver arriba)

1 limón amarillo grande, ralladura y jugo

1 naranja grande, ralladura

500 ml de jugo de naranja fresco (no jugo concentrado)

3 cucharadas de Grand Marnier

2 claras de huevos de rancho grandes

50 g de azúcar refinado

PARA CUBRIR LOS MOLDES:

40 g de mantequilla sin sal, blanda

4 a 6 cucharadas de almendras o avellanas molidas, o chocolate amargo rallado fino

Soufflé de ruibarbo y vainilla

6 A 8 PORCIONES

500 g de ruibarbo rosa

2 cucharadas de agua (opcional)

1 vaina de vainilla

100 g de azúcar refinado

1 porción de Base de crema pastelera
   (página 99)

2 claras de huevos de rancho grandes

PARA CUBRIR LOS PLATOS:

40 g de mantequilla sin sal, blanda

4 a 6 cucharadas de almendras o avellanas
   molidas, o chocolate amargo rallado fino

PARA EL ACABADO (OPCIONAL):

azúcar glas, para espolvorear

EN UN PLATO PEQUEÑO Y JUNTO AL
SOUFFLÉ SIRVA, SI LO DESEA,
UNA BOLA DE HELADO DE VAINILLA O
JENGIBRE (PÁGINAS 57-58) O UN SORBETE
DE *FROMAGE FRAIS* (PÁGINA 76)

Compre ruibarbo tierno y rosa para este postre. Está en su mejor punto entre diciembre y principios de marzo, aunque todavía lo puede encontrar en las tiendas a principios del verano, y de nuevo a partir de finales de otoño. Aunque su uso no es muy común en algunos países de América Latina, puede encontrarlo en mercados gourmet o especializados (como el Mercado de San Juan en la Ciudad de México).

1 Recorte el ruibarbo y pique en trozos pequeños. Lave de ser necesario y sacuda para secar. Coloque en una olla, agregue 2 cucharadas de agua si no fue necesario lavar la fruta.

2 Añada la vaina de vainilla y la mitad del azúcar. Caliente lentamente, mezclando hasta disolver el azúcar. Cubra y mantenga el hervor a fuego lento por unos 5 minutos, hasta suavizar el azúcar. Pase por un colador fino colocado sobre un recipiente para escurrir el jugo en exceso.

3 Vuelva a colocar este jugo en la olla y agregue la vaina de vainilla. Hierva hasta reducir a la mitad para intensificar el sabor, después vuelva a mezclar con el ruibarbo. Deseche la vaina de vainilla.

4 Licue la fruta hasta obtener un puré. Vierta en un recipiente y deje enfriar.

5 Prepare la base de crema pastelera y deje enfriar.

6 Mientras tanto, cubra los ramequines o un molde de *soufflé* de 1 l con 2 capas de mantequilla blanda, después el polvo de almendras, avellanas o chocolate (página 98). Precaliente el horno a 190°C.

7 Mezcle el puré de ruibarbo con la crema pastelera. Ahora bata las claras de huevo en un tazón grande y limpio hasta formar picos firmes. Gradualmente agregue el azúcar restante, batiendo, hasta obtener un merengue brillante. Incorpore la mezcla al ruibarbo.

8 De inmediato divida entre los ramequines preparados, o sirva a cucharadas en un plato de *soufflé* grande y empareje con una espátula o la parte posterior de una cuchara. Coloque sobre una charola para hornear, y cocine hasta que infle y se dore. Considere de 12 a 15 minutos para los ramequines pequeños, de 15 a 18 minutos para los moldes más grandes, y de 25 a 30 minutos para un *soufflé* grande. Si tiene tiempo, espolvoree por encima con azúcar glas. Sirva de inmediato.

Soufflé de membrillo especiado

Puede encontrar membrillo dorado y perfumado desde finales de agosto. Este antiguo fruto de huerto parece una pera regordeta y grande, de hecho puede usar peras firmes cuando no sea temporada de membrillo. La pulpa del membrillo es dura y no siempre puede comerse cruda (aunque en algunos lugares de México se come así con chile y limón); a mí me gusta escalfarla en un almíbar ligero saborizado con especias chinas, así obtengo un fruto de color rosado delicado con una fragancia celestial. En esta receta, la pulpa escalfada del membrillo se vuelve puré.

1 Pele el membrillo usando un pelapapas. Corte en cuatro (necesitará un buen cuchillo de cocinero) y descorazone. Pique la pulpa en cubos pequeños y coloque en una olla con el almíbar.

2 Agregue las especias y la cáscara de naranja, mezclando, lleve a hervor, después cubra y mantenga a fuego lento por unos 15 minutos hasta suavizar. Escurra la fruta y deseche las especias enteras (guarde el almíbar, ya que puede reutilizarlo). Licue la pulpa de membrillo hasta obtener un puré sin grumos. Deberá obtener unos 300 ml de puré. Vierta a un recipiente y deje enfriar, después tape y refrigere.

3 Prepare la base de crema pastelera y deje enfriar.

4 Mientras tanto, cubra los ramequines o un plato de *soufflé* de 1 l con 2 capas de mantequilla reblandecida, después espolvoree el polvo de almendras o avellanas (página 98). Precaliente el horno a 190°C.

5 Incorpore el puré de membrillo a la crema pastelera, batiendo. En un recipiente grande y limpio, bata las claras de huevo hasta obtener picos firmes. Gradualmente agregue el azúcar, batiendo, después incorpore el merengue a la mezcla cremosa de fruta.

6 Divida entre los ramequines o sirva en el molde grande de *soufflé*, nivele con una espátula o la parte posterior de una cuchara. Coloque en una charola para hornear y cocine hasta que inflen y se doren. Considere de 12 a 15 minutos para los ramequines, de 15 a 18 minutos para los moldes individuales más grandes, y de 25 a 30 minutos para un *soufflé* grande.

7 Si se le antoja, puede espolvorear por encima con azúcar glas tan pronto como salgan del horno. Sirva de inmediato.

6 A 8 PORCIONES

500 g de membrillo (más o menos 1 grande)

300 ml de Almíbar simple (página 200)

2 anises estrellados

1 raja grande de canela

½ cucharadita de polvo de cinco especias

2 tiras de cáscara de naranja

1 porción de Base de crema pastelera (página 99)

2 claras de huevos de rancho grandes

2 cucharadas de azúcar refinado

PARA CUBRIR LOS PLATOS:

40 g de mantequilla sin sal, blanda

4 a 6 cucharadas de polvo de almendras o avellanas

PARA EL ACABADO (OPCIONAL):

azúcar glas, para espolvorear

Pequeños *soufflés* de chocolate blanco y Kahlúa

Estos pequeños *soufflés* lucen muy apetitosos con sus superficies espolvoreadas de cacao. En efecto, se basan en una crema pastelera de chocolate blanco, por lo tanto es mejor si se hacen *soufflés* individuales. Me gusta hornear la mezcla sobre una capa de cerezas marinadas y servir los *soufflés* con un *Coulis* de ciruela tibio (página 11). Simplemente vierta cucharadas del *coulis* en el centro de los *soufflés* calientes mientras los sirve.

1 Trocee el chocolate blanco y coloque en un recipiente grande. Caliente la leche hasta llevar a hervor, después vierta lentamente sobre el chocolate, revolviendo hasta derretir.

2 Cierna la maicena con la harina. Bata las yemas de huevo con 50 g de azúcar en un recipiente, después agregue las harinas, batiendo hasta deshacer los grumos.

3 Lentamente vierta la leche de chocolate caliente, mezclando rápidamente. Coloque en una olla y revuelva a fuego lento hasta desbaratar los grumos y espesar. Hierva a fuego lento por unos 30 segundos; retire del fuego.

4 Mientras tanto, hierva el licor de café en una olla pequeña hasta reducir a la mitad más o menos. Mientras mezcla, añádalo a la crema pastelera de chocolate. Deje enfriar.

5 Cubra los ramequines con 2 capas de mantequilla blanda, después espolvoree el chocolate, las avellanas o las almendras molidas (página 98), Si está utilizando cerezas, divídalas entre los moldes. Precaliente el horno a 190°C.

6 Bata la crema en la mezcla de chocolate fría para aflojarla un poquito. Bata las claras de huevo en un recipiente limpio hasta formar picos, después gradualmente agregue los 25 g restantes de azúcar, batiendo. Incorpore este merengue a la crema pastelera de chocolate.

7 Divida entre los ramequines preparados y nivele las superficies con una espátula o la parte posterior de una cuchara. Coloque en una charola y hornee de 15 a 18 minutos, hasta que inflen y se doren. A medida que saque los *soufflés* del horno, espolvoree por encima con el cacao y sirva de inmediato.

6 PORCIONES

150 g de chocolate blanco

250 ml de leche

10 g de maicena

15 g de harina blanca

3 huevos de rancho grandes, separados

75 g de azúcar refinado

100 ml de Kahlúa o Tia Maria

6 cucharadas de Cerezas marinadas (página 13)
  o cerezas rojo oscuro en conserva,
  escurridas (opcional)

4 cucharadas de crema para batir

PARA CUBRIR LOS PLATOS:

40 g de mantequilla sin sal, blanda

4 a 6 cucharadas de chocolate amargo rallado,
  o almendras o avellanas molidas

PARA ACABAR (OPCIONAL):

cacao en polvo, para espolvorear

crepas y masas pasteleras

Crepas

Es la masa pastelera básica por excelencia y la puede modificar a su gusto. Utilice 2 huevos en vez de 1 para obtener una masa más consistente. Incorpore las yemas y las claras batidas por separado —como en el caso de las crepas *soufflé* (abajo)— para obtener una masa más ligera. Puede agregar sabores a la mezcla: especias dulces molidas o almendras tostadas y picadas. La crema de avellana y chocolate (Nutella) es una de mis favoritas; agregue 2 cucharadas, mezclando, para obtener exquisitas crepas de chocolate.

1 Licue el harina, la sal, el huevo(s), la mantequilla y la mitad de la leche, hasta obtener una pasta uniforme y cremosa; incorpore la mezcla grumosa que se adhiera a las paredes de la licuadora o del procesador. Sin parar el motor, agregue la leche restante.
2 Deje reposar la masa por 30 minutos si desea, aunque no es necesario.
3 Cocine las crepas (siga las instrucciones de la siguiente página), mezclando la masa ocasionalmente. Deberá obtener unas 12 o 16 crepas delgadas de unos 20 cm de diámetro. Agregue el relleno elegido y crema, helado o salsa, y sirva.

Crepas *soufflé*

Para preparar estas crepas ligeras, necesitará los ingredientes y las cantidades descritas arriba, incluidos 2 huevos. Separe los huevos y licue las yemas con los otros ingredientes de la masa. Antes de cocinar, bata las claras de huevo hasta formar picos suaves, después incorpore a la masa con una cuchara de metal. Cocine como crepas normales, pero manéjelas con suavidad para no sacarles el aire.

RELLENOS PARA CREPA Para un postre sencillo, unte las crepas cocinadas con mermelada casera de fresa, enrolle y cubra con una cucharada de Crema chantilly (página 50).

Para un postre especial las posibilidades son infinitas. Puede utilizar un relleno de fruta rebanada o moras, como rebanadas de durazno o fresas, frambuesas o moras azules frescas, o una mezcla de fruta fresca. Las frutas al horno también sirven para hacer rellenos exquisitos: las mejores son las manzanas, las peras, los duraznos, las ciruelas y las piñas (ver páginas 34-43). Puede combinarlas con alguna de las cremas saborizadas (ver páginas 51-52).

Por simple placer, sirva con una salsa para crepas (página 110), más un chorrito de crema líquida, una cucharada de Crema chantilly o *Crème fraîche* aromatizada con té de limón (página 50) o una bola de helado casero (páginas 57-63).

PARA PREPARAR DE 12 A 16 CREPAS
125 g de harina blanca
2 pizcas generosas de sal
1 o 2 huevos de rancho medianos
1 cucharada de mantequilla derretida
300 ml de leche
aceite de girasol, para engrasar el sartén

RELLENE LAS CREPAS CON UNA MEZCLA DE MORAS DE VERANO Y SIRVA ACOMPAÑADAS DE CREMA LÍQUIDA

PARA PREPARAR LAS CREPAS

El secreto principal es cocinar las crepas a la temperatura correcta y constante. Esto se logra con un buen sartén, uno de fondo grueso que retenga bien el calor. Los sartenes de hierro fundido y de aluminio anodizado extra grueso son los más adecuados. Una cubierta antiadherente vuelve más sencilla la cocción, especialmente la primera vez, pero si cura un buen sartén para crepas sin cubierta de teflón y nunca lo limpia con un estropajo metálico, entonces irá formando una pátina natural que durará por años; además, un sartén antiadherente de mala calidad perderá sus virtudes con el tiempo. Un sartén para crepas adecuado tendrá paredes poco profundas e inclinadas, para que pueda sacar la crepa simplemente deslizándola. Debe tener de 20 a 23 cm de diámetro.

Para curar un sartén para crepas nuevo

Antes de curar su sartén nuevo de hierro o aluminio, lávelo y séquelo bien. Después coloque el sartén a fuego medio-lento, y caliente por unos 10 minutos, hasta que sienta que irradia un calor fuerte y vea el vaho de calor. Retírelo y con cuidado barnice con un pedazo de papel de cocina remojado en aceite vegetal. Asegúrese de cubrir muy bien con aceite toda la superficie, después limpie suavemente con un papel de cocina limpio. Ahora puede comenzar a cocinar su primera crepa.

Para cocinar las crepas

1 Vierta la masa en una jarra y tenga listo un cucharón pequeño. La mayoría de las crepas se preparan mejor con 2 o 3 cucharones (de 30 a 45 ml) de masa. Vierta una pequeña cantidad de aceite de girasol o aceite de oliva ligero en una taza. Caliente el sartén para crepas (de 20 a 23 cm), hasta que irradie mucho calor. Agregue unas cuantas gotas de aceite, incline para engrasar el fondo, después retire el exceso.

2 Vierta en el sartén unos 2 o 3 cucharones de masa.

3 De inmediato levante e incline el sartén para que la masa se extienda sobre todo el fondo en una capa delgada. (Cualquier exceso de masa puede regresarse a la jarra.) Rápidamente coloque el sartén de nuevo en el fuego y cocine hasta que la masa se cueza y aparezcan pequeños agujeros en la superficie, toma cerca de 1½ minutos.

4 Usando un volteador, gire la crepa para cocinarla por el otro lado por unos 30 segundos.

5 Deslice la crepa cocinada sobre un paño de cocina limpio para mantenerla caliente. Repita hasta cocinar el resto de la masa. Después de un rato no será necesario que engrase el sartén. Apile las crepas una encima de la otra a medida que las cocine, y manténgalas envueltas en el paño.

6 Si está a punto de servir, mantenga las crepas calientes en un horno tibio. Si las va a preparar con mucha antelación, es mejor que las envuelva en una capa doble de película autoadherente o en una bolsa para alimentos grande para evitar que se resequen. Caliéntelas envueltas en papel aluminio (sin apretarlas) en el horno, a 180°C por 10 o 15 minutos.

SALSAS PARA CREPAS

La Crema chantilly (página 50) es la clásica compañera de las crepas, pero hay muchas salsas que combinan bien, incluida la Salsa de chocolate (página 131). Las que siguen son particularmente buenas.

Salsa de caramelo

PARA PREPARAR UNOS 350 ml

250 g de azúcar refinado

3 cucharadas de agua

125 ml de crema para batir

2 cucharadas de leche condensada

75 g de mantequilla

Deliciosa con crepas y helado, también es muy rica con *tarte tatin* y budines. Se conserva por una semana en un frasco con taparrosca en el refrigerador, pero tendrá que recalentarla un poco antes de servirla.

1 En una olla de fondo grueso, derrita el azúcar en el agua a fuego muy lento. Esto le tomará unos 10 minutos; quizás encuentre útil revolver la mezcla una o dos veces. Mientras tanto, llene el fregadero de agua fría.
2 Cuando el almíbar esté transparente, suba el fuego y cocine hasta obtener un color caramelo claro. No deje que se oscurezca o quedará amargo. Tan pronto como esté listo, sumerja la base del sartén en agua fría durante 1 o 2 minutos para enfriar.
3 Coloque el sartén en una superficie refractaria, agregue los ingredientes faltantes y bata hasta obtener una salsa homogénea. Sirva caliente.

Salsa de naranja y limón

PARA PREPARAR UNOS 140 ml

250 ml de jugo fresco de naranja

1 cucharadita abundante de maicena

1 cucharada de agua

1 cucharada de jugo de limón amarillo

1 cucharada de Cointreau

2 cucharaditas de almíbar simple o azúcar glas

1 Hierva el jugo de naranja en una olla pequeña hasta reducir a la mitad.
2 Mientras tanto, mezcle la maicena con el agua hasta obtener una pasta sin grumos y agregue el jugo de limón. Retire del fuego el jugo de naranja e incorpore la mezcla de maicena.
3 Vuelva a colocar en el fuego, y lleve a un hervor suave, mezclando rápidamente. Cocine por unos 30 segundos, después agregue el Cointreau y el almíbar o azúcar glas. Deje enfriar un poco. Sirva caliente.

Salsa melba de frambuesa

PARA PREPARAR UNOS 200 ml

250 g de frambuesas, muy maduras

1 chorro generoso de jugo de limón amarillo

azúcar glas, un poco (opcional)

1 cucharada de licor de frambuesa (opcional)

1 Licue las frambuesas hasta obtener un puré líquido. Pase por un colador fino y presione el puré con la parte posterior de un cucharón para extraer la mayor cantidad posible de jugo; deseche las semillas.
2 Agregue el jugo de limón amarillo y, si es necesario, endulce con un poco de azúcar glas. Saborice con el licor de frambuesa, si lo usa. Sirva a temperatura ambiente.

Hot cakes miniatura con *buttermilk*

Son fáciles de mezclar en licuadora o en un procesador de alimentos, y después se cocinan rápidamente en un sartén ligeramente engrasado o una plancha caliente. El *buttermilk* (suero de mantequilla, o de leche) le da un sabor ligeramente ácido a la masa, lo puede conseguir en muchos supermercados y tiendas de productos naturistas. Me gusta servir estos pequeños hot cakes con ciruelas o higos al horno y cucharadas de helado o Crema chantilly (página 50), con chorritos de miel de maple.

1 Coloque harina, sal, polvo para hornear, bicarbonato de sodio, azúcar y semillas de vainilla en un procesador de alimentos, y licue brevemente para mezclar bien.

2 Agregue las yemas de huevo, la mantequilla derretida, el *buttermilk* y la leche. Licue hasta obtener una masa uniforme, incorpore una o dos veces la mezcla que se pegue en las paredes del procesador. Pase a un tazón.

3 Bata las claras de huevo en un tazón hasta obtener picos suaves y esponjados, después incorpore a la masa.

4 Caliente una plancha o sartén hasta que irradie mucho calor, después engrase ligeramente.

5 Vierta 1 o 2 cucharones pequeños de masa para preparar un hot cake de unos 10 cm de diámetro. Repita hasta formar unos 4 hot cakes en el sartén, dependiendo del tamaño de este último. Cocine por 1 o 2 minutos hasta que la superficie se cueza y aparezcan pequeños agujeros en ella.

6 Voltee los hot cakes y dore el otro lado ligeramente, después pase a un paño de cocina para mantenerlos calientes. Repita con la masa restante, apilando los hot cakes a medida que los vaya cocinando. Sirva calientitos.

4 PORCIONES

175 g de harina blanca
½ cucharadita de sal marina fina
½ cucharadita de polvo para hornear
½ cucharadita de bicarbonato de sodio
1 cucharada de azúcar refinado
1 vaina de vainilla, semillas
2 huevos de rancho medianos, separados
15 g de mantequilla, derretida y enfriada
200 ml de *buttermilk*
100 ml de leche
un poco de aceite de girasol, para cocinar

DELICIOSOS CON CIRUELAS ASADAS (PÁGINA 41) O HIGOS ASADOS CON ALMÍBAR BALSÁMICO ESPECIADO (PÁGINA 42), MÁS CREMA CHANTILLY (PÁGINA 50) Y CHORRITOS DE MIEL DE MAPLE

Crêpes suzette clásicas

4 PORCIONES

1 porción de masa para Crepas (página 107)
6 naranjas grandes
50 g de azúcar moreno
Grand Marnier, unos 90 o 100 ml
aceite de girasol, para engrasar
1 trozo de mantequilla sin sal, para cocinar

Simplemente saborice la masa básica de crepas con ralladura de naranja y bañe las crepas cocidas con una salsa de naranja tibia acidulada y con un toque de Grand Marnier. No es un postre para un grupo grande, son manejables hasta 4 porciones.

1 Prepare la masa para crepas. Ralle finamente la cáscara de 2 naranjas y agregue a la masa, batiendo.

2 Para la salsa, retire la cáscara de 2 naranjas más, usando un pelapapas; córtela finamente en juliana. Blanquéela en agua hirviendo por 1 minuto, después escurra y seque a palmaditas; reserve. Exprima el jugo de 3 naranjas y cuele para quitar las semillas. Pele las otras 3 naranjas, retire la cáscara y la piel blanca con un chuchillo filoso; después corte entre las membranas para liberar los gajos (página 33). Reserve.

3 Caliente el azúcar en una olla de fondo grueso a fuego lento hasta derretirla; evite mezclar, pero mueva un poco el sartén para ayudar en el proceso. Una vez disuelto cada grano, añada la juliana de cáscara de naranja y hierva a fuego lento por 2 minutos o hasta formar un almíbar color caramelo claro. No deje que el azúcar se queme o la salsa tendrá un sabor amargo.

4 Cuando el almíbar comience a caramelizarse, agregue con cuidado el Grand Marnier —va a chisporrotear— y cocine por 1 o 2 minutos para que el alcohol se evapore.

5 Vierta el jugo de naranja y hierva hasta reducir a la mitad. Retire del fuego, deslice dentro los gajos de naranja y deje enfriar y macerar hasta que se entibie.

6 Mientras tanto, cocine las crepas (página 109) y manténgalas envueltas en un paño de cocina hasta que las requiera.

7 Cuando esté listo para servir, derrita un poco de mantequilla en un sartén grande y agregue una crepa cocida. Vuelva a calentar por unos segundos y doble en cuatro. Repita con 1 o 2 crepas más (para una porción). Con una cuchara, sirva por encima la salsa de naranja, asegurándose de incluir algunos gajos y un poco de juliana de naranja. Deslice sobre un plato de postre caliente. Repita y repita, calculando de 2 a 3 crepas por porción.

Clafoutis de cereza y almendra

Este postre se basa en un favorito clásico francés. Aquí se hornea una masa con sabor a almendra en un molde poco profundo sobre una capa de cerezas frescas sin hueso. Prepare la masa y las frutas con antelación, pero júntelas y hornee el postre al último momento. La masa es mejor si la deja reposar 24 horas completas. Puede preparar un postre grande o 6 pequeños según la variación (abajo).

1 Coloque almendras molidas, harina, sal y azúcar en un procesador de alimentos o licuadora y mezcle durante unos cuantos segundos. Agregue huevo, yemas y crema, licue hasta obtener una masa homogénea, incorpore una o dos veces la mezcla que se pegue en las paredes del procesador. Vierta en una jarra, cubra y refrigere por 24 horas.

2 Mientras tanto, deshuese las cerezas y séquelas a palmaditas si están particularmente jugosas. Barnice con mantequilla blanda el interior de un refractario grande o un molde para gratinar, de unos 23 a 25 cm de diámetro.

3 Precaliente el horno a 190°C. Distribuya las cerezas en el fondo del refractario o molde. Mezcle la masa en la jarra, después vierta sobre las cerezas. Hornee unos 20 minutos, hasta que esponje y se dore. El centro puede lucir ligeramente más plano que la masa alrededor, pero debe estar firme. Si no, hornee por un poco más de tiempo.

4 Espolvoree con azúcar glas y sirva de inmediato.

Para preparar *clafoutis* individuales

Engrase 6 moldes de tartaleta de 10 cm de diámetro o moldes para preparar budines de Yorkshire, y divida las cerezas entre ellos. Vierta la masa encima y hornee a 200°C por unos 12 minutos.

6 PORCIONES

50 g de almendras molidas

15 g de harina blanca

1 pizca generosa de sal marina fina

100 g de azúcar refinado

2 huevos de rancho grandes

3 yemas de huevos de rancho grandes

250 ml de crema para batir

300 g de cerezas maduras frescas;
   o 250 g de Cerezas marinadas (página 13),
   escurridas

mantequilla sin sal, blanda, para engrasar
   el molde

azúcar glas, cernido, para espolvorear

Tempura de fruta

4 A 6 PORCIONES

125 g de harina de arroz

250 ml de cerveza clara

300 ml de agua fría

1 yema de huevo de rancho grande

2 claras de huevos de rancho grandes

4 a 5 frutas distintas (escoja entre pera firme,
manzana para postre, plátano, ciruelas,
chabacanos, ½ piña pequeña)

1 limón amarillo, jugo

aceite de girasol, para freír en abundancia

azúcar glas cernido, para espolvorear

Azúcar vainillado (página 129), para espolvorear

LAS BOLITAS DE HELADO DE VAINILLA
(PÁGINA 57) SON EL COMPLEMENTO IDEAL

Para darle un nuevo giro a las frituras de fruta, usamos harina de arroz para nuestras ligeras masas orientales. El chiste está en pasar las rebanadas de fruta rápidamente por la masa para que tengan una cubierta ligera, incluso parcial, en vez de sumergirlas para una cubierta generosa. La cerveza clara le da un ligero sabor de levadura a la masa. Use un termómetro de caramelo para revisar la temperatura del aceite.

1 Para la masa, coloque la harina de arroz en un tazón grande. Agregue la cerveza y el agua y bata con un batidor de globo grande hasta obtener una mezcla homogénea. Después agregue la yema de huevo, batiendo.

2 Prepare las frutas. Pele, corte a la mitad y descorazone la pera y/o manzana, después corte en rebanadas de ½ cm de grueso. Corte el plátano a la mitad a lo largo, después corte cada pieza en dos. Revuelva rápidamente estas frutas en jugo de limón para evitar que se oxiden. Corte en cuatro las ciruelas y chabacanos, y retire los huesos. Pele la piña y corte en rebanadas de 1 cm de grueso; corte las rebanadas a la mitad y retire el corazón. Debe ser suficiente para tener de 5 a 7 piezas de fruta por porción.

3 Cuando esté listo para servir, en un tazón bata las claras a punto de turrón e incorpore en la masa con una cuchara grande de metal. Llene un tercio de un sartén profundo y grueso con aceite de girasol, y caliente a una temperatura de 180°C.

4 Tome un trozo de fruta y espolvoréelo ligeramente con azúcar glas, después páselo por la masa para cubrirlo ligeramente y colocarlo en el aceite caliente. Repita rápidamente con 2 piezas adicionales de fruta. Fría por unos 2 minutos hasta que estén bien doradas y crujientes. Retire y escurra sobre papel de cocina.

5 Cocine la fruta restante de la misma manera, en tandas igual de pequeñas. Solo remoje las frutas en la masa cuando esté listo para freírlas. Además, asegúrese de que el aceite permanezca a 180°C, si baja su temperatura, espere para freír hasta que vuelva a 180°C. Mantenga el tempura caliente sobre una charola para hornear descubierta, en un horno a baja temperatura, hasta que las haya cocinado todas.

6 Sirva el tempura cuanto antes, mientras permanezca caliente y crujiente. Espolvoree ligeramente con azúcar vainillado.

Baba au rhum de limón amarillo y miel

Los *Baba au rhum* son pastelitos individuales de levadura, horneados en pequeños moldes de aro (que a veces venden como moldes de dona de aro) y remojados en un almíbar de ron. Son deliciosos servidos con chabacanos glaseados y crema chantilly. Quizá quiera espolvorear también con pistaches picados.

1 Pase la harina y sal por un cernidor a un tazón grande. Si está utilizando levadura fresca, desmorónela finamente mientras la agrega, o añada la levadura seca. Esparza la ralladura de limón y revuelva para mezclar bien.
2 Caliente un poco la miel, hasta que esté líquida pero no caliente. En un recipiente, bata la miel, el extracto de vainilla y los 3 huevos.
3 Agregue la mezcla de miel al harina con los 100 g de mantequilla y mezcle bien con una batidora eléctrica, por unos 3 minutos hasta obtener una masa homogénea.
4 Bata ligeramente los huevos restantes, después añada gradualmente a la masa, con la batidora a velocidad mediana; esto deberá tomar por lo menos 5 minutos. Agregue las pasas cuando añada la última parte del huevo.
5 Cubra el recipiente y deje que la masa repose en un lugar tibio (como el área para secar la ropa) hasta que duplique su tamaño. Está lista cuando la masa es bastante consistente, esto puede tomar varias horas, pero revísela cada 30 minutos.
6 Barnice generosamente con mantequilla blanda 6 moldes de *baba au rhum* o pequeños moldes de aro. Con suavidad golpee la masa levada y divida en 6 partes. Coloque en los moldes, cubra (sin apretar) con película autoadherente ligeramente engrasada y deje en un lugar tibio por unos 30 minutos hasta que la masa se eleve y llene los moldes hasta tres cuartas partes.
7 Precaliente el horno a 190°C. Retire la cubierta de película autoadherente y coloque los moldes de *baba au rhum* en una charola para hornear. Hornee por unos 20 minutos, hasta que estén bien dorados y firmes, pero esponjosos al presionarlos ligeramente. Deje reposar en los moldes por 5 minutos. Pase un cuchillo por la orilla de los moldes y desmolde sobre una rejilla de metal. Deje enfriar hasta que estén tibios.
8 Con un palillo largo perfore la superficie y los lados de los *baba au rhums*, después vuelva a colocar en los moldes. Mezcle el ron con el almíbar caliente y vierta lentamente sobre los *baba au rhums* para remojarlos por completo.
9 Una vez que absorban todo el almíbar, desmolde sobre platos y refrigere hasta que los necesite. Para servir, cubra con chabacanos glaseados y corone con una *quenelle* de crema chantilly. Sirva el resto de los chabacanos a un lado, rociados con el almíbar restante.

6 PORCIONES
250 g de harina blanca
1 cucharadita de sal marina fina
15 g de levadura fresca, o una bolsita de levadura seca especial para panificadores
1 limón amarillo, ralladura
2 cucharadas rasas de miel líquida
1 cucharadita de extracto de vainilla
6 huevos de rancho medianos
100 g de mantequilla sin sal, reblandecida hasta casi derretirse, y un poco más para engrasar
75 g de pasas
250 ml de Almíbar simple caliente (página 200)
90 ml de ron blanco
PARA SERVIR:
Chabacanos glaseados (página 43)
Crema chantilly (página 50)

DISTRIBUYA CHABACANOS GLASEADOS SOBRE LOS *BABA AU RHUMS* Y CORONE CON *QUENELLES* DE CREMA CHANTILLY PARA UN LLAMATIVO POSTRE

postres caseros

Tarta de natilla con ciruela y armañac

Una tarta de natilla cremosa y aterciopelada, enriquecida con ciruela pasa macerada en armañac. No necesita ninguna ornamentación, excepto tal vez una bola de helado. Un estupendo postre para rematar una comida dominguera.

1 Ponga las ciruelas pasa y el té en una olla, lleve a hervor y mantenga a fuego lento por 1 minuto. Reserve y deje enfriar 30 minutos. Escurra las ciruelas pasa, deshuéselas y póngalas en un tazón. Añada el armañac, mezcle y deje macerar.

2 Sobre una superficie ligeramente enharinada, extienda la pasta de *pâte sucrée* con un rodillo hasta obtener un espesor de unos 2 mm. Use el rodillo para levantarla por encima de un molde de aro de 24 cm, con una profundidad de 3 a 3.5 cm, puesto sobre una charola forrada con papel para hornear.

3 Presione la pasta en el molde, usando una pequeña bola de masa (y no los dedos, los cuales podrían romperla). Deje que el exceso de pasta cuelgue sobre el borde del molde.

4 Forre la masa con papel aluminio ajustado, y llene con frijoles secos o arroz. (No deberá perforar la base, o el relleno líquido podría salirse.) Refrigere la masa por 10 minutos. Precaliente el horno a 190°C.

5 Mientras tanto, ponga la leche y la crema en una olla con la cáscara de limón. Corte la vaina de vainilla a lo largo, saque las semillas y añádalas a la olla junto con la vaina vacía. Lleve lentamente a punto de hervor, retire del fuego, añada el azúcar, mezcle y deje en infusión por 30 minutos.

6 Horneé la pasta refrigerada por 15 minutos. Saque del horno y baje la temperatura a 150°C. Con cuidado, retire el papel aluminio y los frijoles o arroz.

7 Pique dos tercios de las ciruelas pasa en trozos pequeños y distribuya sobre la base de pasta. Bata las yemas y los huevos enteros en un tazón. Saque la cáscara de limón amarillo y la vaina de vainilla de la leche cremosa. Lleve de nuevo a hervor y vierta lentamente sobre los huevos batidos, revolviendo con un batidor de globo.

8 Coloque el resto de las ciruelas pasa en un procesador de alimentos y licue ligeramente hasta formar una pulpa. Sin parar el motor, vierta la natilla lentamente, licuando hasta unificar la mezcla. Pase por un colador a una jarra, presionando la mezcla con la parte posterior de un cucharón.

9 Deslice hacia fuera la rejilla del horno, lo más que pueda de manera segura, y coloque el molde con la base de pasta. Vierta lentamente la natilla de ciruela pasa; deberá llegar casi hasta el tope. Con cuidado regrese la rejilla a su lugar y horneé la tarta de 50 minutos a 1 hora, hasta que la natilla apenas tiemble al agitarla.

10 Con un cuchillo filoso sostenido en diagonal, recorte la pasta para emparejarla con el molde (ver imagen a la derecha). Deje enfriar hasta que esté tibia, después desmolde y deslice sobre un platón. Sirva a temperatura ambiente.

6 PORCIONES

200 g de ciruelas pasa (no muy deshidratadas)
té Earl Grey ligero, unos 200 ml
3 cucharadas de armañac
1 porción de *Pâte sucrée* (página 202)
400 ml de leche
200 ml de crema para batir
3 tiras de cáscara de limón amarillo
1 vaina de vainilla
75 g de azúcar refinado
2 yemas de huevos de rancho grandes
2 huevos de rancho grandes

IGUALMENTE DELICIOSA SI LA SIRVE SOLA O CON UNA BOLA DE HELADO DE VAINILLA (PÁGINA 57)

Pudín cremoso a la naranja

Al cocinarse, la superficie de este pudín encantadoramente tradicional se transforma en una ligera esponja de *soufflé* con una espesa y acidulada salsa de requesón debajo. Parece una pesadilla justo antes de hornearla, aguada y grumosa; la transformación es poco menos que un milagro. Me pregunto quién fue el primero al que se le ocurrió una receta así, o si fue un feliz accidente. Hornéelo en un refractario para revelar las atractivas capas; yo uso un molde de vidrio para *soufflé* de Bodum. Para una cena con invitados, añada un chorro de Grand Marnier o Cointreau.

1 Vierta los jugos de naranja y limón en una olla, lleve a hervor y mantenga hasta reducir a un poco más de la mitad, a 150 ml. Reserve y deje enfriar. (Añada el licor si lo va a usar.)

2 Barnice un molde de 1 l para *soufflé* u otro refractario similar. Precaliente el horno a 180°C.

3 En un tazón bata la mantequilla con el azúcar y la ralladura hasta obtener una mezcla esponjada y cremosa. Añada las yemas, una a la vez, batiendo. Cierna la harina y el polvo para hornear sobre la mezcla, y bata.

4 Agregue lentamente el jugo de naranja y la leche, mezclando mientras lo hace. No se preocupe si la mezcla parece cortada o con grumos. Saldrá bien. Créame, soy chef.

5 Ahora bata las claras en otro tazón hasta formar picos suaves y firmes. Incorpore un tercio de las claras en la masa líquida del pastel, luego añada el resto suavemente usando una cuchara de metal grande y revolviendo en forma de "ocho".

6 Coloque el molde preparado en una charola y vierta la mezcla. Rodeé el molde de agua hirviendo para formar un baño María y coloque en el horno. Horneé de 1 a 1¼ horas hasta que el pudín tenga una superficie dorada y firme, pero cremoso por abajo. Si la superficie se está dorando con demasiada rapidez, reduzca la temperatura ligeramente hacia el final de la cocción.

7 Saque del horno la charola del baño María y reserve por 10 minutos o un poco más. Espolvoree el pudín con azúcar glas antes de servir. Mientras lo sirve, asegúrese de que la cuchara llegue hasta el fondo para incluir un poco de la capa suave de masa. No necesita crema, a menos que no pueda prescindir de ella.

4 A 6 PORCIONES

300 ml de jugo fresco de naranja

1 limón amarillo, ralladura y jugo

3 cucharadas de Grand Marnier o Cointreau (opcional)

600 g de mantequilla blanda, y más para engrasar

100 g de azúcar refinado

4 huevos de rancho grandes, separados

60 g de harina blanca

½ cucharadita de polvo para hornear

150 ml de leche

azúcar glas, para espolvorear

Pudín de baguette y mantequilla con Baileys

6 PORCIONES

50 g de mantequilla, blanda

½ baguette francesa grande (unos 150 g), en rebanadas finas

60 g de pasas o arándanos deshidratados, o una mezcla de ambos

2 yemas de huevos de rancho grandes

2 huevos de rancho grandes

40 g de azúcar refinado

300 ml de crema para batir

300 ml de leche

4 cucharadas de Baileys, o más al gusto

azúcar moreno, para espolvorear

3 cucharadas de mermelada de chabacano

Parece que hoy casi todos los chefs tienen su propia versión del pudín de pan y mantequilla hechos con panes intensos como el *panettone*, el *pain au chocolat* y el brioche. A mí me gusta usar rebanadas delgadas de baguettes o de *croissants*, pues permiten que destaque la textura de la natilla. Un buen chorro de Baileys lo lleva a lo etéreo. Sirva el pudín caliente, aunque no demasiado, y rocíele un poquito más de Baileys, si no lo encuentra exagerado.

1 Barnice con un trozo grande de mantequilla un refractario poco profundo de 1.5 l. Unte el resto de la mantequilla sobre las rebanadas de pan. Acomode las rebanadas en el refractario en capas que se traslapen, y esparza los frutos secos entre las capas.

2 Bata las yemas, los huevos y el azúcar en un tazón grande hasta que obtenga una consistencia cremosa, luego añada la crema, la leche y el Baileys, batiendo. Vierta la mezcla lentamente sobre el pan.

3 Presione las rebanadas suavemente con sus dedos para que queden completamente sumergidas.

4 Reserve por unos 20 minutos para que el pan absorba la natilla. Precaliente el horno a 180°C.

5 Coloque el refractario en una charola y rodéelo de agua hirviendo hasta alcanzar la mitad de la altura del refractario (el baño María previene que se sobrecaliente la natilla y evita que se corte). Espolvoree con azúcar moreno y hornee de 40 a 50 minutos, hasta que el pudín esté dorado. Poco antes de que termine de hornearse, caliente la mermelada de chabacano hasta que esté líquida.

6 Aplique este glaseado a la superficie del pudín con toques ligeros y deje reposar unos 15 minutos antes de servir. La natilla se seguirá cocinando y se pondrá más firme en este tiempo. Rocíe un poco más de Baileys sobre cada porción al servir, si lo desea.

Crumble de ruibarbo y manzana asada

Los *crumble* pueden ser postres pesados e indigestos. Este es completamente distinto y más ligero, se prepara en un sartén de hierro fundido. El relleno se carameliza pero se mantiene ácido y afrutado. La cubierta acaramelada se esparce holgadamente para que al hornearla obtenga un terminado dorado y crujiente. Muchas otras frutas y especias complementan al ruibarbo, incluida la manzana, la vainilla y la nuez moscada.

1 Precaliente el horno a 190°C. Recorte las puntas del ruibarbo y córtelo en trozos de unos 5 cm de largo. Lave de ser necesario y seque a palmaditas con un paño de cocina limpio. Corte la manzana en cuatro, descorazónela y pélela. Córtela en trozos de unos 2 cm.

2 Caliente un sartén de hierro fundido hasta que irradie mucho calor, casi deberá empezar a humear.

3 Coloque el ruibarbo y las manzanas en el azúcar vainillado y mézclelos para cubrirlos, luego vierta en el sartén y extiéndalos formando una capa. Si el sartén está a la temperatura justa, la fruta empezará a caramelizarse casi de inmediato. Deje por unos minutos, luego voltee la fruta con una cuchara o un volteador de metal, de tal modo que quede lo más intacta posible; no debe desbaratarse.

4 Siga cocinando de unos 3 a 5 minutos más, hasta que los pedazos se sientan lo suficientemente suaves al pincharlos con la punta de un cuchillo. Retire del fuego y deje enfriar mientras prepara la cobertura.

5 Ponga la harina y la mantequilla en un procesador de alimentos y licue brevemente hasta que la mezcla parezca migajas finas. Añada el azúcar mascabado y licue unos segundos más. Ralle la nuez moscada directamente sobre la mezcla, añada la avena y licue otra vez brevemente.

6 Esparza la cobertura sobre la fruta; no la apriete ni la nivele. Hornee el postre por 20 minutos, hasta que la cobertura esté agradablemente dorada. Deje reposar 10 minutos antes de servir.

AZÚCAR VAINILLADO Simplemente inserte 3 vainas de vainilla en un frasco con unos 500 g de azúcar refinado. En unos cuantos días usted tendrá un perfumado azúcar vainillado. Este es un buen uso para las vainas de vainilla después de extraerles las semillas, siguen transmitiendo mucho sabor.

4 PORCIONES

500 g de ruibarbo rosa

1 manzana Braeburn, grande

100 g de azúcar vainillado (ver abajo)

COBERTURA:

100 g de harina

50 g de mantequilla, refrigerada y cortada en dados pequeños

50 g de azúcar mascabado

nuez moscada, recién rallada, al gusto

40 g de hojuelas de avena

SIRVA CON CREMA INGLESA (PÁGINA 193), CREMA FRESCA O UNA BOLA DE HELADO DE VAINILLA O DE JENGIBRE (PÁGINAS 57-58)

Pudín de *toffee*, plátano y nuez al vapor

4 A 6 PORCIONES
COBERTURA:
50 g de mantequilla, blanda
50 g de azúcar mascabado
50 g de mitades de nuez pecana
PUDÍN:
1 plátano grande maduro
3 maracuyás o 1 limón amarillo
125 g de mantequilla, blanda
125 g de azúcar refinado
3 huevos de rancho medianos
100 g de harina blanca
¼ de cucharadita de sal marina fina
¼ de cucharadita de polvo para hornear
75 g de pan blanco recién rallado

SIRVA CON CREMA INGLESA (PÁGINA 193),
CREMA, O MI SALSA *TOFFEE*

Desde mi punto de vista esta es la comida reconfortante por excelencia, y es muy fácil de preparar con una batidora. Para una textura ligera, uso la mitad del pan rallado y la mitad de la harina.

1 Barnice un refractario de 1 l. Para la cobertura, bata la mantequilla y el azúcar en el refractario hasta mezclarlos, extiéndala en el fondo hasta alcanzar un tercio del molde. Presione 6 mitades de nuez pecana en el fondo, formando un círculo. Pique el resto de las nueces y reserve.
2 Machaque el plátano hasta obtener un puré. Si optó por el maracuyá, corte a la mitad y saque la pulpa, pásela por un colador, para extraer el jugo; deseche las semillas. Si optó por el limón, ralle la cáscara y exprima para sacarle el jugo.
3 Coloque mantequilla, azúcar refinado, huevos, harina, sal, polvo para hornear y jugo de maracuyá (o jugo y ralladura de limón) en un procesador de alimentos o una batidora. Mezcle hasta que esté suave y cremoso, incorpore una o dos veces la mezcla que se pegue a las paredes.
4 Añada la pulpa de plátano, la nuez picada y el pan rallado, pulse ligeramente para que apenas se incorporen.
5 Con una cuchara, vierta la mezcla en el refractario. Para taparlo, coloque un pedazo grande de papel para hornear encima de una hoja de papel aluminio, y pliéguelas juntas en el centro (para dejar que el pudín se infle). Selle bien sujetándolo al borde del molde, use hilo de cocina o una liga resistente.
6 Coloque el refractario en una vaporera o en una olla grande con agua hirviendo hasta llegar a la mitad de altura del refractario. Cueza al vapor por 2 horas, revisando cada 30 minutos y añadiendo agua hirviendo si es necesario.
7 Saque el refractario y reserve el pudín por unos 10 minutos. Retire la cubierta, y pase un cuchillo por las orillas. Desmolde sobre un plato caliente para servir.

Salsa *toffee*

300 ml de crema para batir
170 g de azúcar mascabado
4 cucharadas de glucosa líquida
70 g de mantequilla sin sal

1 Coloque la mitad de la crema en una olla de fondo grueso. Añada el azúcar, la glucosa y la mantequilla y lleve lentamente a hervor, revolviendo. Una vez que el azúcar se haya disuelto, suba el fuego y hierva unos 10 minutos, hasta que obtenga un color caramelo claro, revuelva una o dos veces para que no se queme ni pegue al fondo de la olla.
2 Retire del fuego inmediatamente y deje enfriar, revuelva ocasionalmente para que no se forme una nata. Cuando esté frío, incorpore el resto de la crema. Sirva a temperatura ambiente. Si lo preparó con anticipación y lo refrigeró, sáquelo al menos 1 hora antes de servir. El *toffee* debe estar líquido.

Pudín de chocolate al vapor

Esta exquisita variación de mi pudín de caramelo al vapor es perfecta para los adictos al chocolate. De nuevo: es fácil de hacer, el único detalle es no olvidar que hay que mantener la olla con agua hirviendo. Me gusta servir este pudín suntuoso con una salsa de chocolate blanco (ver abajo) o una crema líquida.

1 Engrase ligeramente un refractario de 1 l. Bata en el refractario el azúcar y la mantequilla para la cobertura hasta mezclarlos bien, extienda en el fondo y hasta alcanzar un tercio de altura.

2 Mezcle todos los ingredientes para el pudín excepto el pan blanco recién rallado en un procesador de alimentos o una batidora hasta que esté cremoso. Añada el pan blanco recién rallado y pulse ligeramente para que apenas se incorpore.

3 Con una cuchara vierta la mezcla al refractario. Cubra con un trozo grande de papel para hornear y una hoja de papel aluminio, plegadas juntas en el centro (para dejar espacio para que el pudín se infle) y sujete bajo el borde usando hilo de cocina o una liga resistente.

4 Cueza al vapor por 2 horas, usando una vaporera, o una olla grande que contenga suficiente agua hirviendo para cubrir la mitad del refractario. Revise el nivel del agua constantemente y añada agua hirviendo cuando sea necesario.

5 Deje que el pudín repose unos 10 minutos antes de desmoldarlo.

4 A 6 PORCIONES
COBERTURA:
50 g de azúcar mascabado
50 g de mantequilla, blanda
PUDÍN:
125 g de azúcar refinado o moreno
125 g de mantequilla, blanda
3 huevos de rancho medianos
2 cucharadas de esencia de café
100 g de harina blanca
1/4 de cucharadita de sal marina fina
1/2 cucharadita de polvo para hornear
75 g de pan blanco recién rallado

SIRVA CUBIERTO CON UNA SALSA CONTRASTANTE DE CHOCOLATE BLANCO PARA UN PLACER TOTAL

Salsa de chocolate

Puede prepararla con chocolate amargo, de leche o blanco, siempre y cuando use una buena marca.

1 Rompa el chocolate en trozos y ponga en un refractario (que pueda usar en el microondas) o en una olla pequeña. Vierta la crema encima.

2 Cocine en el microondas en alta potencia por 1 1/2 minutos, o coloque la olla a fuego muy lento hasta derretir el chocolate. Revuelva para mezclar el chocolate con la crema. Deje enfriar hasta que se entibie. Y listo.

100 g de chocolate amargo, de leche o blanco
150 ml de crema para batir

Arroz con leche tailandés de coco y té de limón

4 PORCIONES
250 g de arroz Jazmín tailandés
1 tallo de té de limón, cortado a lo largo
500 ml de agua
½ cucharadita de sal marina fina
100 g de azúcar refinado
200 ml de crema de coco, envasada
4 cucharadas de crema para batir, y más para servir (opcional)
PARA SERVIR:
Rebanadas de mango

CUBRA CON REBANADAS FRESCAS DE MANGO (COMO SE ILUSTRA) O SIRVA CON UN *COULIS* DE MANGO (PÁGINA 11) O REBANADAS DE MANGO CARAMELIZADO (PÁGINA 42)

Este es posiblemente el arroz con leche más rápido del Oeste. Uso arroz Jazmín tailandés, delicado y ligeramente pegajoso, y lo cocino en agua salada a la manera tradicional tailandesa, añadiendo el azúcar y la crema de coco después. Para que quede aún más consistente, sugiero que agregue un poco de crema para batir. Sirva caliente y cremoso acompañado de mango.

1 Coloque el arroz, té de limón, agua y sal en una olla mediana de fondo grueso. Lleve a hervor, revolviendo una o dos veces, y luego baje el fuego, cubra y hierva a fuego lento por 12 minutos.

2 Retire la olla del fuego y, sin destaparla, deje reposar 5 minutos.

3 Deseche el té de limón. Añada el azúcar y revuelva hasta disolver, y luego añada y revuelva la crema de coco. Deje reposar, cubierto, otros 5 minutos. Añada la crema para batir.

4 Sirva el arroz caliente, pero no ardiendo. Cubra con rebanadas de mango y crema batida, si lo desea.

Variación

Este postre también es delicioso si lo sirve frío, como un *condé*. Deje que el pudín se enfríe completamente, y luego agregue un poco de crema, mezclando para aligerarlo. Acomode una capa de rebanadas de mango, chabacano o durazno en la base de 6 copas para *sundae* y cubra con cucharadas de arroz con leche. Refrigere un poco antes de servir, y esparza por encima almendras o pistaches asados y picados.

Trifles de durazno y cereza

Un buen *trifle* debe tener la textura de un *fool* de frutas: cremoso sin estar muy aguado. Mi *trifle* favorito tiene una base de macarrones (o galletas *amaretti*) remojadas en licor de frambuesa, capas de rebanadas de duraznos y frutos rojos, y una cubierta de crema inglesa batida para volverla más ligera. Para un acabado totalmente goloso, puede añadir crema batida por encima. (Tome en cuenta que la crema inglesa que sugiero es más consistente que mi receta estándar de la página 193.)

1 Primero prepare la crema inglesa. Coloque crema y leche en una olla de fondo grueso con 1 cucharada de azúcar. Corte la vaina de vainilla y con la punta de un cuchillo retire las semillas y agréguelas a la olla. Lentamente lleve a hervor. Mientras tanto, bata el azúcar restante y las yemas de huevo en un recipiente grande, después vierta encima un tercio de la leche cremosa, mezclando constantemente. Gradualmente vierta el resto de la leche, batiendo bien.

2 Regrese la mezcla a la olla y cocine a fuego lento, revolviendo continuamente con una cuchara de madera hasta que la natilla espese como para dejar un capa delgada en la parte posterior de la cuchara. Pase la natilla por un colador, cubra y deje enfriar, después refrigere.

3 Pele los duraznos para el *trifle*: sumerja en agua hirviendo por 30 segundos; sáquelos y podrá retirar la piel fácilmente. Córtelos en dos, deshuese y corte en rebanadas delgadas.

4 Machaque los macarrones o galletas *amaretti* y divida en 6 copas. Rocíe por encima el licor de frambuesa o el jerez y presione las galletas ligeramente. Coloque capas de rebanadas de duraznos y fruta roja. Refrigere por 30 minutos.

5 Con un batidor de globo o una batidora eléctrica, esponje la crema inglesa fría, después divida entre las copas de vino.

6 Si la va a utilizar, bata la crema con el azúcar glas y, encima de cada *trifle*, sirva una hermosa y lánguida cucharada. Sirva ligeramente frío.

6 PORCIONES

CREMA INGLESA:
300 ml de crema para batir
100 ml leche
50 g de azúcar refinado
1 vaina de vainilla
6 yemas de huevos de rancho grandes
TRIFLE:
2 duraznos maduros grandes
100 g de macarrones o galletas *amaretti*
6 cucharadas de licor de frambuesa,
    o un jerez semi seco
150 g de cerezas deshuesadas, frambuesas
    u otro fruto rojo
PARA SERVIR (OPCIONAL):
150 ml de crema para batir (*whipping cream*)
2 cucharaditas de azúcar glas

Streusel de manzana dorada

6 PORCIONES

1 porción de *Pâte sucrée* (página 202)

4 o 5 manzanas Granny Smith grandes

50 g de mantequilla

3 o 4 cucharadas de Calvados

100 g de pasas

150 g de frambuesas (opcional)

CUBIERTA DE *STREUSEL*:

75 g de harina blanca

1/2 cucharadita de canela molida

40 g de mantequilla

40 g de azúcar moreno

2 cucharadas de avellanas tostadas picadas,
   o 2 galletas *digestive*, finamente molidas

LA CREMA CHANTILLY (PÁGINA 50) ES
EL ACOMPAÑAMIENTO IDEAL PARA ESTE
STREUSEL

Es raro que una tarta de manzana no complazca a mis invitados. Esta receta es una combinación de flan con *crumble*. Como se desmorona bastante, encontrará que es más fácil rebanarla con un cuchillo de cocina grande y caliente; simplemente hunda en una jarra de agua hirviendo, seque y utilice inmediatamente.

1 Con un rodillo extienda la *pâte sucrée* hasta obtener una pasta delgada, cubra con ella un molde para flan con base removible de 21 cm de diámetro y 3 a 3.5 cm de profundidad. Deje que el exceso de pasta cuelgue sobre el borde. Forre la base de pasta con papel aluminio y pesas para hornear, refrigere por 20 minutos. Precaliente el horno a 190°C.

2 Mientras tanto, corte las manzanas en cuatro, descorazónelas, pele y corte en cubos de 2 cm. Caliente la mantequilla en un sartén grande hasta que empiece a hervir. Agregue los cubos de manzana y saltee de 5 a 7 minutos hasta que se doren y suavicen. Agregue el Calvados, revolviendo para desglasar, y cocine hasta que se haya evaporado todo el líquido. Reserve para enfriar.

3 Coloque el molde para flan en una charola y hornee por 15 minutos, saque del horno y retire el papel aluminio y las pesas para hornear. Baje la temperatura del horno a 170°C. Con un cuchillo, empareje la pasta con el borde superior del molde. Con una cuchara, sirva las manzanas y esparza por encima las pasas y las frambuesas, si las va a utilizar.

4 Para hacer la cubierta del *streusel*, pase por un cernidor la harina y la canela a un recipiente. Ahora frote la mantequilla en la mezcla hasta que parezca pan molido fino. Agregue el azúcar y avellanas o galletas molidas, mezclando. Con una cuchara coloque una capa uniforme sobre las frutas.

5 Hornee por 30 minutos hasta que la cubierta esté crujiente y dorada. Deje enfriar ligeramente. Para desmoldar, presione la base del molde y deslice el *streusel* sobre un platón. Sirva caliente con crema chantilly.

Tartitas de caramelo

PARA PREPARAR 24 MINI TARTAS

300 g de almíbar o jarabe dorado

85 g de pan blanco recién rallado

60 g de almendras molidas

1 huevo de rancho grande, batido

150 ml de crema para batir

½ porción de *Pâte sucrée* (página 202)

unas 4 cucharadas de mermelada de frambuesa
   o chabacano, ligeramente caliente

Esta mezcla de tarta *bakewell* y pay de nuez americano le da un lindo giro moderno a la gran tarta de caramelo británica. Le agrego huevo y almendra al relleno y lo horneo sobre una *pâte sucrée*. Este es el postre que le serví al presidente Putin cuando visitó al primer ministro Blair en el 2000. Debe haberla disfrutado porque quiso tomarse una foto conmigo. ¿Se convirtió en un postre favorito en el Kremlin? Puede preparar 24 tartitas en moldes de panqué miniatura o una tarta grande para servir de 6 a 8 porciones.

1 Coloque el jarabe dorado, migajas, almendras molidas, huevo y crema en un procesador de alimentos o licuadora y licue hasta que esté uniforme. Para mejores resultados, refrigere este relleno hasta por 24 horas.

2 Divida la pasta a la mitad. Extienda cada parte con un rodillo sobre una tabla ligeramente enharinada hasta obtener un rectángulo de unos 3 mm de grosor. Coloque cada hoja de pasta holgadamente sobre una charola de 12 panqués miniatura, cada uno de 4 a 5 cm de diámetro. Espere de 15 a 20 minutos para dejar que la pasta caiga de manera natural dentro de los huecos, después suavemente ayúdela a entrar en cada base, utilizando una bolita de masa. Todavía no recorte al tamaño de los huecos.

3 Precaliente el horno a 180°C. Sirva ½ cucharadita de mermelada en cada hueco. Con una cuchara o manga pastelera, vierta el relleno hasta llenar tres cuartos de las bases de pasta. Hornee por 10 minutos, después baje la temperatura a 150°C y hornee unos 10 minutos más.

4 Saque la charola del horno y recorte la pasta restante con un cuchillo filoso y un molde para cortar galletas del mismo diámetro que las tartas. Retire el exceso de pasta.

5 Regrese las tartas al horno de 10 a 15 minutos más hasta que se doren y esponjen. Deje en los moldes de 5 a 10 minutos para que estén más firmes, después suavemente desmolde y coloque en una rejilla para que se enfríen por completo.

Tarta grande de caramelo, de 6 a 8 porciones

1 Necesita unos 350 g de *pâte sucrée*. Prepare el relleno como se explica arriba y refrigere por 24 horas. Extienda la *pâte sucrée* con un rodillo y úsela para forrar un molde para tartas de fondo removible de 21 cm de diámetro y no menos de 2 cm de profundidad; deje que la pasta cuelgue sobre el borde, no la recorte. Reserve por 20 minutos.

2 Precaliente el horno a 180°C. Unte mermelada sobre la base de pasta y con una cuchara sirva el relleno. Coloque el molde en una charola y hornee por 15 minutos. Baje la temperatura a 150°C, y hornee por 20 minutos más.

3 Retire del horno y recorte la pasta para emparejarla con el borde del molde. Hornee de 15 a 20 minutos más. Deje enfriar en el molde por al menos 30 minutos, después retire la base removible y deslice la tarta sobre un platón.

MARAVILLOSA SI LA SIRVE CON *CRÈME FRAÎCHE* AL LIMÓN (PÁGINA 50)

Crème brûlée de café espresso

La *crème brûlée* puede hacerse de diferentes sabores. En el restaurante la servimos de albahaca, romero y lavanda. Para esta crema con sabor a café tendrá que usar tazas refractarias de café, como las tazas de *espresso* que se muestran en la fotografía. Unos granos de café cubiertos de chocolate agregan un toque final *chic*.

1 Precaliente el horno a 140ºC. Engrase ligeramente 6 tazas refractarias de café y colóquelas en una charola para hornear.

2 Coloque la crema y la leche en una olla de fondo grueso y caliéntela lentamente, a punto de hervir, después agregue el café *espresso* y el licor, si lo va a utilizar, revolviendo.

3 Bata las yemas de huevo en un refractario grande hasta que estén pálidas y cremosas. Vierta la crema de café caliente sobre las yemas de huevo, un tercio a la vez, integre bien. Después agregue el azúcar refinado, mezclando. Pase este líquido por un colador fino a una jarra.

4 Vierta la mezcla en las tazas refractarias de café, dividiéndola en partes iguales. Hornee por unos 45 minutos hasta que las natillas estén ligeramente cuajadas. Para revisarlas, incline un poco una de las tazas: la natilla deberá separarse de la taza y el centro deberá temblar. Retire del horno y deje enfriar; la mezcla se espesará al hacerlo. Refrigere hasta que se requiera.

5 Cuando esté listo para servir, por encima de cada natilla espolvoree uniformemente una cucharadita de azúcar moreno y caramelice con un soplete de cocina. Sirva lo antes posible, con unos cuantos granos de café cubiertos de chocolate, si lo desea.

Nota: Si no tiene un soplete de cocina es posible caramelizar la superficie colocando las tazas bajo una parrilla muy caliente. Sin embargo, esto solo es efectivo si la parrilla está muy caliente, de lo contrario la natilla cuajada se podría derretir. Si tiene dudas sobre su parrilla o la capacidad de sus tazas para tolerar que las coloque bajo la parrilla, omita la cubierta.

6 PORCIONES

350 ml de crema para batir

125 ml de leche entera (de preferencia ultrapasteurizada)

50 ml de café *espresso* concentrado

1 cucharada de Kahlúa o Tia Maria (opcional)

6 yemas de huevos de rancho grandes

75 g de azúcar refinado

PARA SERVIR:

2 cucharadas de azúcar moreno, para caramelizar

granos de café cubiertos de chocolate (opcional)

Tatin de pera caramelizada

4 PORCIONES
6 peras Conference (o Bosc)
300 g de Pasta de hojaldre (página 209),
  Pasta hojaldrada de mascarpone
  (página 208), o una buena pasta de hojaldre
  lista para usar
100 g de mantequilla, blanda
100 g de azúcar refinado

En el restaurante servimos tartas miniatura cocinadas en pequeños cazos de cobre, pero es igual de fácil que usted prepare una *tarte tatin* familiar. Necesita una olla de metal poco profunda y de hierro fundido para usarla en el horno; puede ser un sartén, una paellera, o un molde para *tarte tatin*, de unos 21 cm de diámetro y no más de 6 cm de profundidad. Las peras cortadas se refrigeran unas 12 horas antes para que se resequen un poco. No importa que se oxiden, pues la cubierta de caramelo las cubrirá.

1 Pele las peras quitando capas delgadas de cáscara. Corte en cuatro y descorazone. Coloque en una sola capa sobre un plato grande y refrigere sin cubrir por al menos 12 horas, para resecarlas un poco. (Esto evita que las peras suelten demasiado jugo durante la cocción y que diluyan el caramelo.)

2 Al día siguiente, extienda la pasta con un rodillo sobre una tabla enharinada hasta obtener un círculo de 24 cm (utilice un molde para pastel como guía). Cubra con película autoadherente y enfríe de 1 a 2 horas.

3 Unte la mantequilla en una capa gruesa en un molde para *tarte tatin* de 21 cm o en otro recipiente para horno (ver arriba). Esparza uniformemente una capa de azúcar. Presione los cuartos de pera (con el lado cortado hacia arriba) en la mantequilla, colóquelos en círculo alrededor de un trozo central.

4 Coloque el molde a fuego medio; cocine sin revolver para que la mantequilla y el azúcar se derritan y formen un jarabe de caramelo. Agite la olla esporádicamente para ayudar a formar el caramelo. Cocine por unos 10 minutos, hasta que las peras se suavicen, después retire del fuego.

5 Precaliente el horno a 200°C. Con un rodillo, coloque al centro la pasta en el molde, sobre el relleno y meta las orillas de la masa hacia dentro del molde, "encerrando" la fruta. Perfore la masa en algunos lugares con la punta de un cuchillo delgado.

6 Hornee por 15 minutos, después baje la temperatura a 180°C y cocine por 10 o 15 minutos más, hasta que la masa esté dorada y crujiente. (Nosotros vaciamos el exceso de jugo de la olla a la mitad del proceso de cocción para evitar que diluya la salsa de caramelo. Si lo hace, cuide de no quemarse el brazo con el caramelo caliente.)

7 Reserve la tarta por 10 minutos, después voltee sobre una platón grande. Sirva calientita.

ES MEJOR SERVIR LA *TARTE TATIN* CALIENTE, CON BOLAS DE HELADO DE VAINILLA, CREMA BATIDA O *CRÈME FRAÎCHE*

Pay de frutas otoñales

En este tipo de pay me gusta usar trozos grandes de fruta y asarlos primero en un sartén con mantequilla y azúcar para acentuar su sabor. Para la base, mi receta favorita es la pasta sabor agua de azahar. Necesitará un molde para pay de 1.2 l y unos 23 cm de diámetro. Es el postre ideal para cerrar la comida del domingo.

1 Extienda la pasta con rodillo hasta obtener un grosor de 5 mm y una circunferencia 2 o 3 centímetros más grande que su molde para pay de 1.2 l. Voltee el molde sobre la pasta y corte una tapa apenas un poco más grande que el molde. Coloque sobre un trozo de papel para hornear, cubra con película autoadherente y reserve. Extienda nuevamente el resto de pasta y corte en tiras largas de 1 cm de ancho; cubra y también reserve.

2 Pele las manzanas y las peras. Parta en cuatro, descorazone y luego corte en trozos gruesos. Parta los duraznos o ciruelas en dos y deshuese, después corte en cuatro, si lo desea; no es necesario quitar la piel.

3 En dos tandas ase la fruta en un sartén: caliente 30 g de mantequilla, agregue la mitad de la fruta y espolvoree la mitad del azúcar y especias. Saltee por unos 5 minutos hasta que se suavice, con una cuchara sirva en el plato para pay. Repita con el resto de mantequilla, fruta, azúcar y especias.

4 Coloque un embudo para pay, si lo tiene, al centro del pay (esto ayuda a mantener la pasta arriba para que quede crujiente). Reserve para enfriar.

5 Para terminar el pay, barnice el borde de la pasta con agua y pegue las tiras de pasta encima, pellizcando ambas pastas para unirlas. Barnice las tiras de pasta con el huevo con agua. Con un rodillo, coloque en el centro del relleno la tapa del pay. Si utiliza un embudo para pay, corte una pequeña cruz en la pasta para que pueda colocar la tapa. Presione las orillas para unirlas.

6 Levante el plato de pay con una mano y, con un cuchillo filoso pequeño sostenido a un ángulo lejos del plato, corte la pasta que sobra. Doble el dedo índice como si fuera un puño y presione firmemente por toda la orilla. Dele un toque adicional: haga pequeños cortes horizontales con un cuchillo de mesa a lo largo del borde, para que parezcan hojas de masa.

7 Tradicionalmente los pays se hornean sin decoración, pero puede añadir algunos toques finales. Para una orilla ondulada, pellizque el borde de la pasta con su pulgar y dedo índice, y con la parte posterior de un cuchillo, empuje la pasta hacia adentro suavemente. Si lo desea, recorte hojas y otras formas con el resto de la pasta. Barnice la tapa de pasta con el huevo y agua. Aplique la decoración y también barnícela. Espolvoree con azúcar y refrigere por 20 minutos. Mientras, precaliente el horno a 190°C.

8 Coloque el pay en una charola y hornee de 35 a 40 minutos, hasta que la corteza esté crujiente y dorada. Baje ligeramente la temperatura hacia el final de la cocción si la pasta parece dorarse con demasiada rapidez. Reserve por 20 minutos antes de servir.

6 PORCIONES

1 porción de Pasta de azahar (página 203)

3 manzanas Granny Smith grandes

3 peras Conference (o Bosc) grandes

4 duraznos grandes, o 8 ciruelas rojas grandes

60 g de mantequilla

60 g de azúcar refinado

1 cucharadita de polvo de cinco especias

PARA BARNIZAR:

1 yema de huevo de rancho, batida con 2 cucharaditas de agua

1 a 2 cucharaditas de azúcar refinado

CREMA INGLESA (PÁGINA 193), CREMA LÍQUIDA O HELADO DE VAINILLA (PÁGINA 57) LO CONVERTIRÍAN EN EL POSTRE PERFECTO

ocasiones especiales

Pannacotta de naranja

Si le encantan las natillas ligeras, entonces pruebe la *pannacotta* italiana. Se cuaja con grenetina en hoja y es más fácil de preparar que la *crème caramel* o la *crème brûlée*. Servimos las *pannacotta* suavemente cuajadas, para que tengan un sensual temblor cuando las llevamos a la mesa (en la cocina las llamamos *Cicciolina*). Me gusta acompañarlas de higos asados y gajos de naranja, aunque quizá prefiera moras frescas.

1 Coloque la glucosa, la mitad del azúcar y el agua en una olla de fondo grueso. Disuelva a fuego lento, revolviendo una o dos veces. Con una brocha remojada en agua tibia, barnice ocasionalmente hacia abajo las paredes de la olla para despegar cualquier cristal de azúcar que pudiera cristalizar el jarabe.

2 Cuando se haya derretido hasta el último grano de azúcar, lleve a hervor y cocine, sin remover, hasta obtener un caramelo dorado. (El termómetro de caramelo debe marcar 125°C.) Apenas llegue a este punto, retire del fuego y sumerja la base de la olla en un recipiente de agua fría para evitar que se siga cocinando. Reserve para enfriar. La glucosa líquida mantiene la viscosidad del jarabe y le da brillo (ver nota).

3 Sobre una charola coloque 6 moldes pequeños para flan, con capacidad de unos 120 ml.

4 Coloque la crema y la leche en una olla grande y lleve a hervor lentamente. Una vez que el líquido comience a subir, ajuste el fuego para mantener un hervor constante. Cocine unos 5 minutos hasta reducirlo a casi un tercio.

5 Mientras, remoje las hojas de grenetina en un recipiente de agua fría por unos 5 minutos hasta que se ablanden. Saque y exprima el exceso de agua.

6 Retire del fuego la crema hirviendo y agregue el azúcar restante, cáscara de naranja y hojas de grenetina, revolviendo hasta disolver. Deje enfriar, después agregue el licor o ron, mezcle.

7 Con una cuchara sirva el caramelo en la base de los moldes, después lentamente vierta la mezcla de leche cremosa. Refrigere hasta cuajar.

8 Cuando esté listo para servir, suavemente despegue las orillas de cada *pannacotta* para separarla del molde, voltee sobre un plato y agite para liberarla. Una cubierta de tiras de cáscara de naranja confitada es ideal. Sirva con higos asados con miel y gajos de naranja o moras.

Nota: En el restaurante guardamos este almíbar en botes plásticos con boquilla, y lo rociamos sobre los postres mientras los vamos emplatando. La glucosa líquida lo hace fluir libremente.

6 PORCIONES

4 cucharadas de glucosa líquida

300 g de azúcar refinado

3 cucharadas de agua

600 ml de crema para batir

150 ml de leche

3 hojas de grenetina

2 naranjas, ralladura

2 cucharadas de Cointreau o ron blanco

PARA SERVIR:

Juliana de naranja confitada (página 47), opcional

Higos asados con almíbar balsámico especiado (página 42), opcional

Gajos de naranja fresca, fresas o frambuesas

DELEITABLES CON HIGOS ASADOS CON ALMÍBAR BALSÁMICO ESPECIADO (PÁGINA 42), GAJOS DE NARANJA FRESCA Y JULIANA DE NARANJA CONFITADA (PÁGINA 47)

Tarta de chocolate moka

6 A 8 PORCIONES

1 porción de Pasta de chocolate (página 203)

200 g de chocolate amargo (60% cacao),
   derretido

BASE DE ESPONJA:

1 clara de huevo de rancho grande

2 cucharaditas de clara de huevo en polvo

40 g de azúcar refinado

50 g de almendras molidas

1 cucharada de harina blanca, cernida

2 cucharadas de esencia de café

2 cucharadas de Tia Maria

NATILLA DE MOKA:

120 ml de crema para batir

4 cucharadas de café fresco fuerte, frío

1 huevo de rancho grande, batido

50 g de azúcar refinado

ES SUBLIME CON CREMA CHANTILLY BATIDA
SUAVEMENTE (PÁGINA 50) Y UNAS CUANTAS
FRAMBUESAS O GAJOS DE NARANJA

Esta tarta tiene tres capas: una suave pasta de chocolate que se derrite en la boca, una ligera base de consistencia esponjosa bañada con café y licor, y una natilla de chocolate intensa y aterciopelada. No quiero que crea que es una receta rápida, pero las tres capas son bastante sencillas de preparar. Le aconsejo que prepare la pasta de chocolate y la base de esponja con bastante antelación, y que haga la natilla unas horas antes de servir. Esta es de las recetas a las que recurrirá una y otra vez.

1 Primero prepare el templete para el pastel de esponja. Forre una charola para horno con papel para hornear. Coloque la base removible de una flanera de 21 cm sobre el papel par hornear y úsela como guía para hacer un círculo. Regrese la base a la flanera.

2 Extienda la masa sobre una superficie enharinada y cubra con ella la flanera de 21 cm y 3 a 3.5 cm de profundidad. Como la masa es suave, será más sencillo aplanarla a palmaditas después de extenderla un poco con el rodillo; presione sobre las grietas para unirlas. Deje que el exceso de pasta cuelgue sobre el borde del molde. Con un tenedor haga algunas perforaciones en la base, después forre con papel aluminio y llene de frijoles o arroz. Refrigere de 15 a 20 minutos.

3 Precaliente el horno a 190ºC. Coloque la flanera sobre una charola y hornee por 15 minutos. Retire el papel aluminio y los frijoles, recorte el borde de la masa para emparejarlo con el molde, y hornee por 10 minutos más hasta que esté crujiente. Deje enfriar. Baje la temperatura del horno a 170ºC.

4 Unte un tercio del chocolate derretido uniformemente sobre la base de masa. Mantenga líquido el resto del chocolate, a temperatura ambiente.

5 Para la base de esponja. Bata las claras de huevo y polvo en un recipiente hasta formar picos suaves, agregue el azúcar, batiendo, hasta que estén brillantes y firmes. Incorpore las almendras molidas y la harina. Distribuya la mezcla sobre el círculo en el papel para hornear. Hornee por 12 minutos. Reserve por 5 minutos, retire el papel y deje enfriar. Caliente la esencia de café y el licor sin llegar a hervir, después deje enfriar.

6 Para la natilla, lleve a hervor la crema y la leche en una olla, vierta sobre el chocolate derretido restante, mezcle. Deje enfriar, y agregue el café, revolviendo. Bata el huevo con el azúcar, después mezcle con la crema de chocolate.

7 Cuando esté listo para servir el postre, caliente el horno a 150ºC. Coloque la base de esponja sobre la base de la tarta y vierta encima cucharadas del licor de café. Coloque la flanera sobre la charola en la parrilla intermedia del horno, deslícela hacia fuera hasta donde sea posible. Vierta la natilla de chocolate hasta arriba. Regrese la rejilla y hornee por unos 40 minutos. El relleno estará suave, pero al enfriar más firme.

8 Deje enfriar hasta que el relleno tenga la consistencia de crema batida. Deslice la tarta sobre un platón y sirva a temperatura ambiente.

Cheesecake de calabaza

Este pay de queso ligeramente horneado se hace sobre una delgada base de esponja. Tiene un color muy bonito y es probable que la mejor manera de servirlo sea con una ligera capa de azúcar glas. Sin embargo, como la calabaza es un fruto otoñal, quizá prefiera servirlo con peras o ciruelas asadas. Para un intenso sabor a calabaza, sugiero que prepare el puré con antelación y lo congele. Al descongelarlo, la pulpa se separa del agua, pudiendo tirar esta última y conservar solo la pulpa de sabor más intenso.

1 Primero prepare el relleno. Retire las semillas y las hebras del centro de la calabaza. Pele la cáscara y corte la pulpa en cubos pequeños. Caliente la mantequilla en un sartén, agregue la calabaza con 25 g de azúcar y cocine por unos 10 minutos, hasta ablandarla. Vierta a un procesador de alimentos y licue bien. Deje enfriar. Puede preparar este puré con anticipación y congelarlo para concentrar el sabor (ver arriba).

2 Para la base de esponja, caliente el horno a 200°C. Bata las claras de huevo hasta formar picos suaves. Gradualmente incorpore el azúcar, después las yemas de huevo. Cierna la maicena y la harina sobre la mezcla, incorpore con cuidado.

3 Forre una charola para horno con papel para hornear. Distribuya la mezcla de esponja sobre un área de unos 30 cm de diámetro y un grosor más o menos uniforme. Hornee de 7 a 10 minutos hasta que esté dorado y esponjoso al presionarlo. Voltee sobre una rejilla para enfriar, después retire el papel. Baje la temperatura del horno a 170°C.

4 Para el *cheesecake* necesita un molde para pastel de base removible de 23 a 24 cm de diámetro y unos 6 cm de altura. Utilizando la base del molde como guía, corte la esponja, primero a un diámetro mayor al del molde y, después, recorte para ajustarla, evitando que queden huecos por donde pueda filtrarse el relleno de calabaza.

5 Para el relleno, bata el mascarpone, *crème fraîche*, crema ácida, 50 g del azúcar restante, la vainilla (semillas o extracto) y 2 yemas de huevos en un molde hasta que estén bien batidos. Agregue el puré, mezclando.

6 Bata las 2 claras de huevo en otro recipiente hasta formar picos suaves. Gradualmente agregue los 25 g restantes de azúcar, batiendo. Incorpore a la mezcla de calabaza. Vierta el relleno sobre la base de esponja y hornee de 40 a 50 minutos, hasta que la superficie esté firme.

7 Deje enfriar el *cheesecake* y después refrigere en el molde. Pase un cuchillo por el borde interior del molde y deslice sobre un platón. Sirva en rebanadas espolvoreadas ligeramente de azúcar glas.

6 A 8 PORCIONES
BASE DE ESPONJA:
3 huevos de rancho medianos, separados
70 g de azúcar refinado
40 g de maicena
40 g de harina blanca
RELLENO:
calabaza de Castilla fresca, sin pelar, unos 700 g
50 g de mantequilla
100 g de azúcar refinado o moreno
200 g de mascarpone
125 ml de *crème fraîche*
70 ml de crema ácida
2 vainas de vainilla, las semillas,
   o 1 cucharadita de extracto de vainilla
2 huevos de rancho grandes, separados
PARA SERVIR:
azúcar glas, cernido, para espolvorear

SIRVA SIMPLEMENTE ESPOLVOREADO CON AZÚCAR GLAS, O CON CIRUELAS ASADAS (PÁGINA 41), PERAS ASADAS (PÁGINA 43), O UNA *QUENELLE* DE HELADO DE AGUA DE AZAHAR (PÁGINA 59)

Conos de pasta filo con moras de verano

4 PORCIONES

2 a 3 hojas de pasta filo, de unos 28 x 40 cm

100 g de mantequilla derretida

**5 cucharadas de azúcar glas, cernido, y un poco
  más para espolvorear**

400 g de frambuesas

400 g de fresas pequeñas

250 g de mascarpone

250 ml de *crème fraîche*

300 ml de crema para batir

PARA SERVIR:

***Coulis* de fresa o frambuesa (página 11)**

**frutas suaves, como fresas, frambuesas
  o grosellas**

Hasta el repostero más torpe del reino se puede sentir seguro con la pasta filo. Lo único que hay que tener es una mano bien armada de una brocha remojada en mantequilla. Enrolle los cuadros de pasta filo en moldes metálicos para conos rellenos, y hornee hasta que se doren. Enfríe y, con una manga pastelera, rellene de crema de moras o de otros sabores, como la de pistache (página 52). Sirva 1 o 2 por persona con un *coulis* de frutos rojos, acompañados de suaves frutas de verano. Añada algunas deliciosas moras silvestres si están disponibles.

1 Precaliente el horno a 190ºC. Corte 10 cuadros de pasta filo de 12 cm. Trabaje con un cuadrito de pasta filo a la vez; mantenga el resto cubiertos con película autoadherente para evitar que se resequen. Barnice ligeramente con mantequilla 1 cuadro de pasta filo y espolvoree con azúcar glas.

2 Enrolle el cuadro de filo, con el lado con mantequilla hacia fuera, alrededor de un molde para conos de crema, para formar un cucurucho. No ajuste demasiado al molde, para retirar el cucurucho con facilidad después de hornearlo. Además, no deje que la pasta filo se extienda más allá del borde del molde. Coloque en una charola para hornear antiadherente y repita con el resto de la pasta filo hasta formar 10 conos (por si alguno se rompe).

3 Hornee los conos de filo unos 12 o 15 minutos hasta que se doren y estén crujientes. Deje enfriar por unos minutos, después con cuidado deslícelos de los moldes y coloque sobre una rejilla, dejándolos enfriar por completo.

4 Coloque las frambuesas y fresas en un recipiente y macháquelas con un tenedor, después agregue el azúcar glas. Bata muy bien el mascarpone, la *crème fraîche* y la crema batida en otro recipiente, después incorpore las frutas machacadas. Vierta la mezcla en una manga pastelera con la boquilla grande y sencilla, y reserve.

5 Para servir, simplemente rellene los conos de filo con crema de moras, usando la manga pastelera, y espolvoree ligeramente con azúcar glas. Con una cuchara, sirva un poco de *coulis* de fresa o frambuesa en cada plato para postre, y acomode los cucuruchos de pasta filo sobre los platos con un montón de frutos suaves al lado.

SIRVA CON *COULIS* DE FRESA O FRAMBUESA
(PÁGINA 11) Y MORAS DE VERANO

Tiramisú doble

6 PORCIONES
CREMA DE VAINILLA:
100 g de azúcar refinado
5 cucharadas de agua
3 yemas de huevos de rancho
250 g de mascarpone
100 ml de *crème fraîche*
5 cucharadas de yogurt griego
1 vaina de vainilla
300 ml de crema para batir
PARA SERVIR:
350 g de Cerezas marinadas (página 13)
chocolate amargo rallado, para espolvorear
O PARA UN TIRAMISÚ TRADICIONAL:
200 ml de café fresco fuerte, frío
3 cucharadas de ron
12 soletas (o lenguas de gato)
50 g de chocolate amargo rallado

En el restaurante, a veces colocamos sobre pequeñas bases de chocolate, con una manga pastelera, una crema tipo tiramisú y las servimos como *petits fours*. Sin embargo, esta crema es muy versátil y es particularmente buena si se sirve a cucharadas sobre cerezas marinadas en copas. También puede apilar capas de soletas bañadas en una salsa de café y ron para hacer un tiramisú tradicional. Si opta por esto último, compre las galletas *savoyardi* italianas, como debe ser, pues mantienen mejor su forma al remojarlas y formar las capas.

1 Para preparar la crema de vainilla, coloque el azúcar y agua en una olla pequeña de fondo grueso y disuelva a fuego lento. Aumente el fuego y hierva por unos 5 minutos hasta que el jarabe alcance los 120ºC, el "punto de caramelo": cuando una cucharadita de jarabe cae en agua helada y forma una bolita firme y clara.

2 Con una batidora eléctrica de mano, bata las yemas de huevo en un refractario colocado sobre un paño húmedo para mantenerlo equilibrado. Cuando las yemas comiencen a espesar y palidecer, caliente de nuevo el almíbar y vierta en un hilo por la orilla del refractario mientras bate. Continúe batiendo por unos 3 o 4 minutos más, después retire y deje enfriar.

3 Coloque el mascarpone, la *crème fraîche* y el yogurt en un recipiente. Corte la vaina de vainilla y saque las semillas, agréguelas al refractario. Bata bien, después incorpore con cuidado a la mezcla enfriada de yemas de huevo.

4 Bata la crema en un recipiente hasta formar suaves picos, después incorpore a la mezcla con una cuchara metálica grande. Cubra y refrigere hasta que esté listo para servir.

Tiramisú con cerezas marinadas
Divida las cerezas marinadas entre varias copas, después simplemente sirva por encima cucharadas de la crema de tiramisú en picos suaves y flojos. Espolvoree con un poco de chocolate amargo rallado para servir.

Tiramisú tradicional
Si su intención es ir por el paquete completo, le diré cómo. Mezcle el café y el ron en un recipiente poco profundo. Remoje rápidamente la mitad de cada soleta en el líquido y forre un lindo bol de vidrio formando una sola capa. Con una cuchara, sirva la mitad de la crema de tiramisú. Remoje el resto de las soletas y acomode sobre la crema. Sirva por encima la crema restante con una cuchara, después bañe con chocolate. Refrigere por lo menos 2 horas antes de servir. Prepárese para escuchar los elogios.

Tartaletas de limón y maracuyá

A las clásicas tartas francesas de limón, que suelen encontrarse en las pastelerías, de alguna manera les hace falta la chispa de las horneadas en casa, así que, de vez en cuando, haga el esfuerzo si quiere impresionar a sus invitados. El relleno de las tartaletas de natilla se cuaja al enfriarse, no se alarme si al sacarlas del horno están un poco aguadas. Para bases crujientes, hornee las bases, después vierta el relleno y hornee a temperatura baja para que la crema conserve el tono pálido amarillo.

6 PORCIONES
½ **porción de** *Pâte sucrée* **(página 202)**
4 limones amarillos
4 maracuyás maduros, cortados a la mitad
180 g de azúcar refinado
6 yemas de huevos de rancho, batidas
150 ml de crema para batir
2 cucharadas de azúcar glas, para decorar

1 Divida la pasta en 6 porciones y amase ligeramente formando círculos. Extienda hasta obtener una pasta delgada, y forre 6 moldes de tartaleta de 10 cm, dejando que el exceso de pasta cuelgue sobre los bordes. (Si la pasta está un poco pegajosa, meta los dedos en azúcar glas y dele palmaditas.) Presione la masa dentro de los moldes, asegurándose que los bordes y la base se adapten a la forma del recipiente; si se rompe la pasta, simplemente pellízquela para "pegarla". Coloque los moldes de tartaleta en una charola para hornear y refrigere de 20 a 30 minutos. Precaliente el horno a 180°C.

2 Mientras tanto, ralle la cáscara de 2 limones y reserve; exprima el jugo de los 4 limones. Con una cuchara retire la pulpa del maracuyá, colóquela en una olla pequeña y agregue el jugo de limón. Lleve a hervor y mantenga hasta reducir a un tercio (unos 150 ml). Pase por un colador, presionando la pulpa con el reverso de una cuchara, para extraer el jugo de las semillas de maracuyá. Reserve para enfriar.

3 Forre las bases de tartaleta con papel aluminio y rellene con frijoles o arroz. Hornee por 15 minutos. Retire el papel aluminio y los frijoles, después recorte con cuidado los bordes de la pasta. Hornee por 5 minutos más, después retire y reserve. Reduzca la temperatura del horno a 140°C.

4 Mientras tanto, bata el azúcar refinado, las yemas de huevo y la ralladura de limón en un recipiente hasta que estén pálidas y cremosas, después agregue la crema, batiendo, y agregue en un hilo el jugo de fruta frío. No se preocupe si la mezcla se corta un poco, saldrá bien.

5 Vierta la crema de limón en las bases de tartaleta y hornee hasta que el relleno cuaje ligeramente, unos 30 minutos, a temperatura muy baja. Apague el horno pero deje las tartas adentro para que se enfríen lentamente por al menos 1 hora. Retire del horno, deje enfriar por completo y refrigere.

6 Para una cubierta crujiente, cierna la mitad del azúcar glas sobre el relleno y caramelice ligeramente con un soplete. Cierna otra capa más de azúcar glas encima y caramelice de la misma manera. Este acabado no es esencial, pero elevará su reputación de genio culinario.

EL AZÚCAR GLAS CARAMELIZADO DA UN TOQUE FINAL PROFESIONAL

Profiteroles de café cubiertos de chocolate

6 PORCIONES

1 porción de Pasta *choux* (página 205)

RELLENO:

½ porción de Crema pastelera (página 195)

150 g de chocolate amargo, en trozos

3 cucharadas de agua

4 cucharadas de crema para batir

2 cucharadas de esencia de café

**3 cucharadas de Baileys, Tia Maria
o Kahlúa (opcional)**

La pasta *choux* es engañosamente sencilla. Si sabe pesar, batir y rellenar con manga pastelera, este postre le resultará pan comido. Prepare los panecillos y el relleno con antelación y arme el postre al último momento. El relleno es simplemente una crema pastelera a la que se le agrega esencia de café y crema batida ligera y cremosa. Para un acabado espectacular, hunda los panecillos en chocolate amargo derretido y sírvalos antes de que el chocolate se endurezca. Lucen muy tentadores.

1 Precaliente el horno a 200°C. Forre una charola grande y gruesa con papel para hornear. Coloque la pasta *choux* en una manga pastelera grande, con una boquilla sencilla, de unos 1.5 cm. Primero, con la manga coloque una gota de pasta *choux* bajo cada esquina para "fijar" el papel para hornear.

2 Con la manga haga sobre el papel para hornear unas 20 bolas de *choux*, cada una del tamaño de una nuez, espaciándolas un poco para permitir que se expandan.

3 Para nivelar las superficies picudas, con un dedo mojado dé simplemente un toque ligero a las puntas. Hornee los *choux* hasta que se inflen bien y estén uniformemente dorados, unos 20 minutos. Coloque en un rejilla de metal para enfriar por completo. (Puede preparar los *choux* con mucha antelación y guardarlos en un recipiente hermético o congelarlos.)

4 Prepare la crema pastelera y deje enfriar. Cuando esté listo para rellenar los *choux*, coloque el chocolate y el agua en un refractario pequeño. Meta a alta temperatura en el microondas por unos 2 minutos, o coloque sobre una olla de agua hirviendo a fuego lento para derretir el chocolate. Revuelva hasta obtener una mezcla uniforme y deje enfriar hasta entibiar.

5 Con una batidora eléctrica de mano, bata la crema y la esencia de café en la crema pastelera enfriada hasta que esté suave y cremosa, después incorpore el licor, si lo utiliza. Con la punta de boquilla simple y pequeña de una manga pastelera, perfore un hoyo en la base de cada *choux* y rellene con la manga.

6 Justo antes de servir, remoje la parte superior de cada *choux* en el chocolate derretido para cubrirlo. Coloque en una fuente grande o en platos de postre individuales.

Vacherins de fresas con crema de maracuyá

Un *vacherin* es una canasta poco profunda de merengue, rellena de crema batida saborizada y frutas frescas, como fresas silvestres u otras moras. Las bases de merengue pueden prepararse fácilmente con 1 o 2 días de antelación y guardarse en un recipiente hermético. Nos gusta hornearlas a temperatura muy baja para que el merengue se seque y no pierda el color blanco brillante. Nuestros hornos tienen pilotos con una llama que conserva la temperatura muy baja, pero los hornos domésticos modernos no son tan eficaces. Si por casualidad tiene un Aga de cuatro hornos, el de menor temperatura podrá hacer los honores. Si no, fije su horno en la temperatura de "mantener caliente", y deje la puerta ligeramente abierta sosteniéndola con una cuchara de madera. Si al hornear sus *vacherins* estos obtienen un color crema pálido antes de estar crujientes, no se decepcione, de cualquier manera tendrán un sabor fabuloso.

1 Encienda el horno a su temperatura más baja, no más de 110ºC. Forre dos charolas con papel para hornear o con un mantel de silicón para hornear. Trace 6 círculos de 8 cm de diámetro sobre el papel.

2 Bata las claras de huevo con el jugo de limón en un recipiente grande y limpio hasta formar picos firmes; no bata de más o se secarán y obtendrán una consistencia granulada. Agregue el azúcar, una cucharada a la vez, batiendo, para obtener un merengue uniforme y brillante.

3 Vierta el merengue a cucharadas en una manga pastelera con boquilla sencilla de 1-1.5 cm de diámetro, y usando como guía los trazos en el papel, llene los círculos con una capa homogénea de merengue. Ahora forme la pared de la canasta al hacer 2 aros siguiendo el borde de cada círculo.

4 Hornee al menos por 2 horas o hasta 8 si está utilizando el calor de una llama de piloto. El tiempo exacto dependerá de la temperatura, pero es fácil saber cuando están cocinadas las canastas: levante una con una espátula; si se levanta limpiamente, se siente crujiente por fuera y suave por dentro, la canasta está lista. Deje sobre el papel para hornear por unos 10 minutos, después con cuidado levante las canastas del papel y pase a una rejilla para que se enfríen por completo.

5 Mientras tanto, prepare la crema de maracuyá. Corte a la mitad el maracuyá y con una cuchara saque la pulpa y las semillas. Coloque en una olla pequeña y lleve a hervor hasta reducir a la mitad y concentrar el sabor. Pase por un colador y presione la pulpa con una cuchara de madera, para extraer la mayor cantidad posible de jugo; deseche las semillas.

6 Bata el mascarpone con la *crème fraîche* y la crema ácida. Agregue el jugo de maracuyá, mezclando, y endulce con un poco de azúcar glas, si lo requiere. Bata la crema para batir hasta esponjar, y después incorpore a la crema de maracuyá.

7 Cuando esté listo para servir, coloque una cucharada de crema de maracuyá en las canastas de merengue y cubra con los frutos rojos. Una ligera espolvoreada de azúcar glas agrega un toque mágico.

6 PORCIONES

3 claras de huevos de rancho (si es posible, de no más de 1 semana)

1 chorrito de jugo de limón amarillo

150 g de azúcar refinado

CREMA DE MARACUYÁ:

6 maracuyás

200 g de mascarpone

150 ml de *crème fraîche*

70 ml de crema ácida

azúcar glas, un poco para endulzar (opcional)

150 ml de crema para batir

PARA SERVIR:

250 g de una mezcla de frambuesas, moras azules y fresas, en rebanadas

azúcar glas, para espolvorear

Pithiviers de almendra y cereza

PARA PREPARAR 2,

  CADA UNA DE 2-3 PORCIONES

⅓ de porción de Pasta de hojaldre
de pura mantequilla (página 206),
o 340 g de pasta de hojaldre preparada
1 yema de huevo, batida con 1 pellizco
generoso de sal y 1 chorro de agua fría,
para barnizar

RELLENO:

100 g de mantequilla, blanda
125 g de azúcar glas, cernido
1 huevo de rancho grande
1 yema de huevo de rancho
125 g de almendras molidas
15 g de maicena
2 cucharadas de kirsch
100 g de Cerezas marinadas (página 13),
o cerezas en almíbar, sin líquido

Pithiviers es un pueblo cerca de Orleans, famoso por esta *pâtisserie* de almendra. Se basa en la tradición de comer una especie de Rosca de Reyes en Año Nuevo, que también incluye una pequeña pieza de plástico escondida entre el pan. El ganador de la pieza se vuelve rey o reina por una noche. Thierry, mi chef repostero, me dice que se debe cortar el pastel cubriéndolo con una servilleta para que nadie haga trampa y descubra la pieza antes de cortar.

Los *pithiviers* necesitan de mi pasta de hojaldre de pura mantequilla, que mantiene una consistencia firme. Las cerezas marinadas son ideales para el relleno. Si no, puede comprar un frasco de cerezas en almíbar; drene bien y échele 1 chorrito de kirsch.

1 Para hacer el relleno, bata la mantequilla y el azúcar glas en un recipiente hasta obtener una crema ligera y de color pálido, después agregue el huevo y la yema de huevo, batiendo. Mezcle las almendras molidas con la maicena y agregue revolviendo a la mezcla con el kirsch.

2 Seque las cerezas a palmaditas con papel de cocina, después agregue al relleno de crema, mezclando. Divida a la mitad y forme una bola con cada trozo. Refrigere o congele hasta que estén firmes.

3 Divida la pasta de hojaldre a la mitad. Vuelva a envolver una mitad y reserve. Corte la otra porción en dos, dejando un pedazo ligeramente más grande. Extienda el pedazo más grande hasta que alcance para cortar un círculo de 13 cm. Con la base removible de un molde de flan como guía, recorte el círculo.

4 Con un rodillo extienda el pedazo más pequeño de masa, recorte un segundo círculo de unos 11 cm de diámetro.

5 Ponga el círculo pequeño en una charola forrada de papel para hornear. Sirva una pelotita de relleno en el centro y barnice alrededor del relleno con el huevo reservado para barnizar. Masajee el exterior del círculo grande de masa para volverla más flexible.

6 Coloque este círculo sobre el relleno para que se empalme con los bordes del círculo pequeño. Cubra el relleno, ajustándolo para que no queden bolsas de aire. Presione las orillas para sellar, deberá tener un borde de 4 cm de ancho.

7 Con la parte posterior de un cuchillo de punta redonda haga cortes en la orilla de la masa, después marque líneas de la orilla hacia el centro. Marque líneas curvas que irradien desde el centro. No atraviese la pasta, solo márquela. Cuando mire el *pithivier*, deberá parecer la corona de uno de los Reyes Magos o el turbante de un visir de Oriente Medio. Repita con la masa y el relleno restante para hacer un segundo *pithivier*. Refrigere por 30 minutos mientras precalienta el horno a 220°C.

8 Barnice los *pithiviers* con el resto del huevo. Hornee por 15 minutos hasta que se doren bien, después baje la temperatura a 190°C, y hornee de 10 a 15 minutos más. Deje reposar en la charola por 10 minutos. Con cuidado deslice sobre una rejilla para enfriarlos. Corte cada *pithivier* en 2 o 3 porciones para servir.

Pudín de verano

El pudín británico de verano tal vez sea uno de los mejores postres que existen, pero me sigo negando a tener que prepararlo con pan blanco y fofo. En lugar de eso, remojo rebanadas delgadas, pequeñas y redondas de brioche bañado en *coulis* de grosella negra, y formo capas con una selección de frutas suaves de la temporada que, si se sirven recién preparadas —con más frutos y chorritos del *coulis*— son igual de deliciosas pero más ligeras que un pudín británico de verano, y más fácil de servir. Necesitará un molde redondo para cortar galletas, simple y profundo, de unos 5 a 6 cm de diámetro.

1 Corte las tapas de la barra de brioche, después corte la barra en 8 largas rebanadas delgadas. (Si refrigera la barra la noche anterior, será más fácil de rebanar.) Vierta el *coulis* de grosella en un plato poco profundo.

2 Con un molde para cortar galletas de 5 a 6 cm de diámetro, corte 24 círculos de brioche (tres por cada rebanada).

3 Prepare las frutas para las capas intermedias. Rebane las fresas en horizontal, para obtener círculos; corte a la mitad las moras azules y zarzamoras, para que queden planas entre las capas de brioche. Espolvoree ligeramente con azúcar si las frutas están ácidas.

4 Coloque un pequeño cuadro de papel para hornear (unos 8 cm) sobre una tabla, coloque encima el molde para galletas. Rápidamente remoje un círculo de brioche en el *coulis* para mojarlo por completo y colóquelo en el molde para galletas.

5 Ahora agregue una capa de rebanadas de fresa, empalmadas y cubra con otro círculo de brioche remojado en *coulis*. Sirva ahora una capa de zarzamoras y moras azules; repita la capa de brioche remojado en *coulis*. No moje demasiado las capas, o la torre de pan no se sostendrá en el plato. Deberá preparar 3 capas de brioche y 2 capas de fruta. Presione ligeramente para compactar.

6 Ayudado por una espátula delgada, deslice la torre de pan sobre un platón y con cuidado retire el molde para cortar galletas y el papel. Repita para hacer el resto de pudines. Cubra con frambuesas y chorritos de *coulis* para servir.

8 PORCIONES

1 barra grande de Brioche (página 210) o 400 g de Brioche preparado

2 porciones de *Coulis* de grosella negra (página 12)

250 g de fresas (medianas-grandes), sin tallos

75 g de zarzamoras

75 g de moras azules

azúcar refinado, un poco (opcional)

PARA SERVIR:

125 g de frambuesas pequeñas

Pastel de chocolate amargo

6 A 8 PORCIONES

PARA RECUBRIR EL MOLDE:

25 g de mantequilla, derretida

25 g de chocolate amargo, rallado

PASTEL:

350 g de chocolate amargo (60% cacao)

1 cucharada de café instantáneo

2 cucharadas de agua hirviendo

2 a 3 cucharadas de brandy

4 huevos de rancho grandes, separados

100 g de mantequilla sin sal, blanda

1 pizca generosa de sal

200 g de azúcar refinado

Parece que todo chef debe tener su propia receta definitiva y orgiástica de chocolate con nombres como delicia, tentación o pecado de chocolate. Pues esta es la mía. Se basa un poco en los pequeños *fondants* calientes de chocolate que servimos en el invierno, pero se me ocurrió que si les quitaba la harina y el cacao, y si lo horneaba como un pastel entero para comerlo frío, podía convertirse en un favorito para una cena especial. Verá que al hornearlo la superficie queda un poco crujiente, lo que significa que al voltearlo, se convierte en una base ligeramente crocante.

1 Para preparar el molde, corte un círculo de papel para hornear que quepa en la base removible de un molde de pastel o un *moule à manqué* de 20 cm de diámetro; deje el papel a un lado. Barnice el interior del molde con la mantequilla derretida y refrigere hasta que vuelva a endurecerse. Recubra los bordes con el chocolate rallado, golpeando ligeramente para eliminar el exceso. Coloque el círculo de papel en la base. Reserve.

2 Para el pastel, trocee el chocolate y coloque en un refractario grande. Disuelva el café en el agua hirviendo, después agregue el brandy y mezcle; vierta sobre el chocolate. Meta en el microondas por unos 2 minutos a temperatura alta, o coloque el recipiente al baño María hasta derretir el chocolate. Mezcle hasta obtener una pasta homogénea y reserve para enfriar. Precaliente el horno a 180°C.

3 Bata las yemas de huevo y la mantequilla en un recipiente hasta que estén cremosas, después agregue la mezcla de chocolate y mezcle.

4 En otro recipiente bata las claras de huevo con la pizca de sal hasta formar suaves picos, poco a poco agregue el azúcar y bata hasta obtener un merengue brillante y firme.

5 Añada con cuidado este merengue a la mezcla de chocolate, un tercio a la vez, hasta que esté bien incorporado. Con una cuchara sirva la mezcla en el molde para pastel preparado y con cuidado nivele la superficie. Hornee por unos 40 minutos, hasta que esponje y la superficie esté crujiente. La superficie del pastel podría agrietarse un poco, está bien, la mezcla debajo todavía estará suave. Así es como debe quedar.

6 Apague el horno y deje que el pastel se enfríe lentamente adentro por 1 hora. Retire y enfríe por completo, pero no refrigere, el pastel debe quedar esponjoso y suave.

7 Para desmoldar, pase un cuchillo alrededor del pastel y voltee sobre un platón. Corte en rebanadas con un cuchillo remojado en agua caliente.

SIRVA CON CREMA LÍQUIDA O *CRÈME FRAÎCHE* LÍQUIDA SEMIDESCREMADA

Tarta de fresas con vinagre balsámico

Sé que cuando recibe invitados, no tiene a su disposición un ayudante de cocina. Los pudines *chic* individuales que servimos en el restaurante están lejos de ser prácticos si tiene invitados. Así que, como la mayoría de las recetas en este capítulo, esta tarta se prepara y se sirve entera: simplemente llévela a la mesa y córtela ahí. Puede usar mi pasta de azahar o *pâte sucrée* para la base. La primera tiene una consistencia parecida a una galleta de mantequilla, la segunda es más ligera y crujiente. Después de hornear, la base para la tarta se rellena con un suave *mousse* de fresas frescas y se cubre con fresas frescas aderezadas con vinagre balsámico añejado. Note que esta receta contiene huevo ligeramente cocido.

4 A 6 PORCIONES

1 porción de Pasta de azahar (página 203),
  o *Pâte sucrée* (página 202)

400 g de fresas, sin tallos

3 hojas de grenetina

2 huevos de rancho grandes, batidos

3 yemas de huevos de rancho

80 g de azúcar refinado

75 g de mantequilla, blanda

2 cucharadas de vinagre balsámico añejado

1 Con un rodillo extienda la pasta a un grosor de 3 mm y use para forrar una flanera con base removible de 20 cm de diámetro y 3 a 3.5 cm de profundidad. Deje que cuelgue sobre los bordes, sin recortar. Perfore la base ligeramente con un tenedor, después forre con papel aluminio y llene con frijoles o arroz. Refrigere por 20 minutos. Precaliente el horno a 190°C.

2 Coloque la flanera en una charola y hornee la base de pasta por 15 minutos, después retire el papel aluminio y los frijoles. Con un cuchillo filoso empareje con el molde la orilla de la pasta. Vuelva a colocar en el horno por 10 minutos o hasta que la pasta se cocine. Deje enfriar.

3 Para el relleno, reserve la mitad de las fresas, seleccionando la fruta más bonita. Licue el resto y pase por un colador fino si prefiere quitar las semillas.

4 Remoje las hojas de grenetina en un recipiente de agua fría por 5 minutos hasta que se suavicen.

5 Mientras tanto, en una olla lleve casi a hervor el puré de fresa. En un recipiente aparte bata los huevos, las yemas y el azúcar hasta que estén cremosos. Integre el puré de fresa, bata bien y después vuelva a colocar en la olla, mezcle a fuego muy lento por unos 3 minutos hasta que espese ligeramente. Retire del fuego.

6 Saque las hojas de grenetina del recipiente y exprima para quitar el exceso de agua. Deslícelas en la mezcla caliente de fresas, revolviendo hasta disolverlas. Pase por un colador y reserve para que se enfríe a temperatura ambiente.

7 Bata la mantequilla hasta suavizarla, después poco a poco incorpore la mezcla de fresa enfriada. Vierta en la base de pasta y refrigere para cuajar.

8 Mientras tanto, rebane las fresas reservadas y aderece con el vinagre balsámico. Cuando esté listo para servir, con cuidado empuje hacia arriba la base removible del molde y deslice la tarta sobre un platón. Acomode por encima las rebanadas de fresa.

Moras de verano frías con gratín de sabayón

6 PORCIONES

500 a 600 g de una mezcla de moras de verano: fresas, frambuesas, zarzamoras, grosellas rojas y moras azules

2 a 3 cucharadas de licor de durazno (opcional)

SABAYÓN:

6 yemas de huevos de rancho grandes

90 g de azúcar glas, cernido

1 cucharada de champaña o agua tibia

½ cucharadita de maicena

1 cucharada de glucosa líquida

Para un postre ligero de verano, esparza una mezcla de moras pequeñas sobre platos para postre y con una cuchara sirva por encima suaves islas de salsa de sabayón. Un chorrito de champaña lo convierte en algo aún más especial, aproveche esa última copa que ya no se pudo tomar después de una fiesta. Para su conveniencia, puede preparar el sabayón con antelación y refrigerarlo. Asegúrese de que las moras estén bien frías, bata el sabayón hasta que esponje, antes de servir cucharadas sobre la fruta, después caramelice para que luzcan tentadoramente doradas. Un soplete de cocina es ideal para esto, muchas tiendas departamentales ya los venden.

1 Revise las moras, elimine los tallos de ser necesario y refrigere mientras prepara el sabayón.

2 Para hacer el sabayón, coloque todos los ingredientes en un refractario grande al baño María. Con un batidor de globo o una batidora eléctrica de mano, bata lenta y constantemente hasta alcanzar un color crema pálido.

3 Aumente la velocidad y siga batiendo hasta obtener una espuma estable. Cuando levante el batidor, deberá dejar un pico de espuma con el que casi podría escribir. Esto tomará unos 10 minutos.

4 Retire el recipiente del fuego y deje enfriar, batiendo ocasionalmente hasta que esté tibio. Una vez que el sabayón esté frío, cubra y refrigere. (Se conserva bien por un día en el refrigerador.)

5 Justo antes de servir, aderece las moras con el licor de durazno, si lo va a utilizar. Distribuya la fruta sobre 6 platos de postre.

6 Bata el sabayón hasta que espese y esponje. Sirva a cucharadas sobre las moras. Si tiene un soplete, páselo rápidamente por la superficie para dorar el sabayón. Sirva de inmediato.

Variación

Reemplace las moras de verano por 125 g de grosellas rojas sin tallos y 3 o 4 duraznos maduros. Prepare el sabayón como se explica arriba. Escalfe las grosellas en 3 o 4 cucharadas de Almíbar simple (página 200) por unos cuantos minutos, hasta que comiencen a abrirse. Corte los duraznos en rebanadas delgadas, coloque en platos para postre y rocíe con la compota de grosella roja. Bata el sabayón, sirva a cucharadas sobre la fruta y decore como se indica arriba.

acompañamientos y chocolates

Tuiles de nuez

PARA PREPARAR UNAS 24
250 g de nueces, almendras o avellanas molidas
4 claras de huevos de rancho grandes
50 g de azúcar refinado
25 g de harina blanca
100 g de mantequilla, derretida y enfriada

Una guarnición de bocadillos delicados, como estas *tuiles*, transforman un simple postre de frutas, *mousse* o helado en algo excelso. Según su intención al servirlas, forme *tuiles* planas, *tuiles* con curvas ligeras o canastas. Las últimas son perfectas para servir helados o sorbetes.

1 Pase las nueces (o lo que haya decidido usar) molidas por un cernidor fino. Precaliente el horno a 180ºC. Coloque un mantel de silicón para hornear sobre una charola grande. O puede forrar la charola con papel para hornear, aunque no es tan efectivo.

2 Bata las claras en un recipiente hasta que comiencen a espumar (pero no mucho). Batiendo, agregue el azúcar, harina, nueces molidas y mantequilla derretida hasta obtener una mezcla uniforme. Tendrá que formar y hornear las *tuiles* en tandas.

3 Con una cuchara de postre tibia y poco profunda, tome una cucharadita de mezcla y viértala en la charola. Con la parte posterior de una cuchara tibia, extienda hasta formar un círculo. Repita para formar no más de 5 o 6 círculos, dejando espacio entre cada uno para que puedan crecer.

4 Hornee por unos 7 minutos hasta que los bordes se doren bien. Deje reposar sobre la charola para hornear por unos cuantos segundos antes de levantarlos con una espátula. Forme las *tuiles* como se requiere (ver abajo) y deje enfriar. Al enfriarse quedarán crujientes. Repita hasta terminar la mezcla restante. Las *tuiles* se pueden guardar en un recipiente hermético de 2 a 3 días.

Para dar forma a las *tuiles*

TUILES PLANAS Coloque las *tuiles* en una rejilla y ponga encima una charola pesada para aplanarlas mientras se enfrían.

CANASTAS DE *TUILE* Forme las *tuiles* en moldes de brioche individuales u otros moldes acanalados, usando otro molde para presionar y meter cada *tuile* en los canales del molde (como se ilustra arriba a la derecha). Desmolde con cuidado una vez que esté firme. También puede simplemente colocar cada *tuile* sobre una naranja pequeña y moldear con suavidad para hacer pliegues en las orillas.

TUILES RIZADAS Enrosque las *tuiles* a lo largo de un rodillo delgado; deje en esa posición hasta que estén firmes, después levante con cuidado y pase a una rejilla (como se ilustra abajo).

Variación

Antes de hornear agregue a la mezcla básica 1 cucharada de coco deshidratado, semillas de ajonjolí o semillas de amapola.

Shortbreads de avellana

PARA PREPARAR UNAS 20
200 g de harina blanca
¼ de cucharadita de sal marina
125 g de mantequilla sin sal, blanda
90 g de azúcar refinado, más un poco
**   para espolvorear (opcional)**
1 huevo de rancho grande, batido
50 g de avellanas tostadas molidas fino

Como soy escocés, me gusta una buena galleta de mantequilla o *shortbread*. Preparamos *shortbreads* con una masa de *pâte sablé* o con *pâte brêton* (abajo). Guarde la masa en el refrigerador (hasta por 1 semana) y vaya cortando rebanadas para hornearlas cuando necesite galletas frescas.

1 Cierna la harina con la sal. Con una batidora eléctrica, bata la mantequilla con el azúcar hasta formar una crema. Agregue el huevo de a poco, mezclando.
2 Con la batidora en la velocidad más baja agregue la harina, una cucharada a la vez, y después las nueces. Pare de batir tan pronto como los ingredientes estén bien mezclados.
3 Levante la masa y colóquela en un trozo de película autoadherente. Forme un cilindro de unos 4 cm de diámetro, y envuelva. Refrigere por 2 horas.
4 Precaliente el horno a 160°C. Corte rebanadas de masa de 5 mm de grosor. Coloque en una charola para hornear antiadherente y perfore con un tenedor. Hornee 20 minutos hasta que luzcan un color dorado pálido.
5 Deje sobre la charola por 1 minuto. Si lo desea, espolvoree con azúcar.

Shortbreads de chocolate y avellana
Remoje las galletas ya frías en 100 g de chocolate amargo derretido, cubra a la mitad; escurra el exceso, después deje en papel para hornear hasta que se endurezca.

Shortbreads de comino

PARA PREPARAR UNAS 20
2 yemas de huevos de rancho grandes
60 g de azúcar refinado, y un poco más
**   para espolvorear (opcional)**
60 g de mantequilla sin sal, blanda
85 g de harina blanca
¾ de cucharadita de polvo para hornear
¾ de cucharadita de semillas de comino,
**   ligeramente tostadas**

Tienen un increíble gusto especiado y un sabor intrigante. Como la masa *pâte brêton* es bastante suave, lo más fácil es darle forma a palmaditas.

1 Bata las yemas y el azúcar en un recipiente hasta que estén espesas y cremosas. Agregue la mantequilla gradualmente, batiendo.
2 Cierna la harina y el polvo para hornear en un recipiente, esparza el comino entero y mezcle. Amase hasta obtener una masa uniforme. Envuelva en película autoadherente y refrigere bien. Precaliente el horno a 150°C.
3 En una tabla enharinada, extienda la masa con un rodillo (o a palmaditas) hasta obtener un grosor de 3 mm. Para mantener fría la masa, remojo mis dedos en agua helada mientras la extiendo. Con un molde de galletas de 5 a 6 cm de diámetro, corte todos los círculos que pueda. Colóquelos en una charola para hornear antiadherente y refrigere por 20 minutos.
4 Perfore ligeramente y espolvoree con un poco de azúcar glas, si gusta. Hornee de 12 a 15 minutos hasta que los bordes se doren. Deje sobre la charola por 1 minuto, después pase a una rejilla para enfriar. Mejor si las come antes de 2 días.

Lenguas de gato

Tienen cierto parecido a las tradicionales y crujientes galletas Barmouth, solo que se hornean con formas de largos dedos delgados (de ahí el nombre "lenguas de gato"... lo siento). Son maravillosas con helados y *mousses*.

1 Precaliente el horno a 160°C. Forre una charola con papel para hornear antiadherente o un mantel de silicón.

2 Bata la mantequilla y el azúcar en un recipiente hasta formar una crema pálida y esponjosa. Agregue las claras poco a poco, mezclando, después la vainilla. Añada la harina hasta que apenas se incorpore; no mezcle de más.

3 Vierta la mezcla en una manga pastelera con una boquilla simple de 1 a 1.5 cm, y forme tiras de 4 a 5 cm sobre la charola para hornear, espaciándolas para permitir que se expandan mientras se hornean.

4 Hornee de 10 a 12 minutos hasta que los bordes se doren pero el centro luzca de un color dorado pálido. Deje sobre la charola por un 1 minuto para que se endurezcan un poco más, después coloque sobre una rejilla para que se enfríen y queden crujientes. Se pueden guardar en un recipiente hermético por unos cuantos días.

PARA PREPARAR UNAS 30
60 g de mantequilla
100 g de azúcar refinado
2 claras de huevos de rancho grandes, ligeramente batidas
½ cucharadita de extracto de vainilla
70 g de harina blanca

Financiers

Estos panquecitos estilo francés son ideales para acompañar los postres. Preparados con mantequilla muy dorada para darles más sabor, se hornean en charolas para panqués miniatura. Barnizamos los *financiers* con un almíbar de caramelo o les damos una ligera espolvoreada de azúcar glas.

1 Derrita la mantequilla a fuego lento en una olla de fondo grueso, después suba el fuego y cocine hasta que la mantequilla tome un color dorado. Retire del fuego y reserve por unos minutos; vierta con cuidado la grasa en un recipiente sin los restos de leche; deseche estos últimos. Enfríe la grasa a temperatura ambiente, deberá permanecer líquida.

2 Mezcle el azúcar, almendras y harina en un recipiente, agregue las pasitas, mezclando, si las va a utilizar. Agregue la mantequilla líquida, batiendo, y las claras de huevo. Cubra el recipiente y reserve la mezcla en el refrigerador por 24 horas.

3 Precaliente el horno a 200°C. Engrase y enharine dos charolas para panqués miniatura de 12 huecos. Vierta la mezcla y rellene hasta tres cuartos cada hueco. Hornee de 8 a 10 minutos, hasta que esponjen y se doren.

4 Deje enfriar en la charola; después desmolde sobre una rejilla mientras están tibios. Son mejores recién horneados, pero se pueden guardar en un recipiente hermético de 2 a 3 días.

PARA PREPARAR DE 18 A 24
125 g de mantequilla con sal
175 g de azúcar refinado
125 g de almendras molidas
25 g de harina blanca, cernida
50 g de grosellas o moras azules (opcional)
3 claras de huevos de rancho, medianas, ligeramente batidas

Dedos de novia

PARA PREPARAR UNOS 20
3 huevos de rancho grandes, separados
70 g de azúcar refinado
40 g de harina blanca
40 g de maicena
azúcar glas, para espolvorear

Son simplemente "dedos" esponjosos preparados con una ligera y suave masa de esponja batida. Sobra decir que son superiores por mucho a las que se compran en el supermercado. Sírvalos con helados, o úselos para preparar un *trifle* clásico.

1 Precaliente el horno a 200°C. Forre una charola para hornear grande con un mantel de silicón o papel para hornear.

2 Bata las claras en un recipiente hasta obtener una espuma firme, después agregue el azúcar gradualmente, una cucharada a la vez, batiendo. Bata las yemas en otro recipiente, después incorpore al merengue.

3 Finalmente, cierna la harina y la maicena, e incorpórelas con suavidad, batiendo ligeramente la mezcla para asegurarse de obtener una textura aterciopelada.

4 Con una cuchara ponga la mezcla en una manga pastelera con una boquilla sencilla de 1.5 cm, y ponga una gota de mezcla bajo cada esquina para "fijar" el papel para hornear. Después, también con la manga pastelera, forme tiras de 5 a 6 cm de largo, dejando un espacio entre ellas.

5 Para un acabado perlado, cierna el azúcar glas sobre los dedos esponjosos y reserve por 10 minutos. Hornee de 7 a 10 minutos hasta obtener un color dorado pálido, después espolvoree de nuevo con azúcar glas.

6 Deje sobre la charola unos minutos para que endurezcan más, después deslícelos sobre una rejilla para que se enfríen y queden crujientes.

Dedos de novia de chocolate

Reduzca la cantidad de maicena a 30 g, y cierna 10 g de cacao en polvo junto con las harinas.

Para usar una manga pastelera: Coloque una manga pastelera de plástico con la boquilla puesta (del tamaño correcto para la tarea). Sostenga la manga en una mano y doble un tercio de la sección superior sobre su mano. Con una cuchara, llene la mitad de la bolsa de mezcla, jale la mitad vacía hacia arriba y tuerza la parte superior suavemente. A medida que lo haga, presione la mezcla hacia abajo, dentro la boquilla, asegurándose de que no comience a salirse.

Para bajar la mezcla, sostenga la bolsa en un ángulo con el extremo torcido entre su pulgar y su dedo índice (esta es la mano con la que aprieta). Sostenga el extremo con la boquilla en su otra mano, pero con suavidad, tan solo para guiarla. Mantenga la boquilla 1 o 2 cm encima de la superficie para que la mezcla fluya libremente hacia fuera.

Macarrones de vainilla

PARA PREPARAR UNOS 60 DIMINUTOS

140 g de almendras molidas fino

240 g de azúcar glas, cernido

2 vainas de vainilla, las semillas,
   o 1 cucharadita de extracto de vainilla

2 claras de huevo grandes (de no más
   de 1 semana)

1 cucharada de clara de huevo en polvo

RELLENO (OPCIONAL):

100 g de mascarpone

100 g de yogurt griego

1 cucharada de azúcar glas, cernido

100 ml de crema para batir

Preparamos cientos de pequeños macarrones cada semana para servir como *petits fours*, saborizándolos con cremas pasteleras especiales de chocolate, limón amarillo, fresa y pistache que mandamos traer de Francia. Pero puede preparar unas igual de deliciosas con vainilla, o pruebe la variación de chocolate. La clara de huevo en polvo le da fuerza adicional a la mezcla; está disponible en supermercados especializados.

1 Forre 2 charolas grandes con papel o manteles de silicón para hornear.

2 Mezcle almendras, azúcar glas y semillas o extracto de vainilla en un recipiente.

3 En otro bol, bata las claras de huevo con la clara de huevo en polvo hasta obtener una espuma firme, después incorpore la mezcla de almendras usando una chuchara metálica grande. Dé golpecitos firmes en el borde del recipiente para sacar las burbujas de aire.

4 Vierta la mezcla en una manga pastelera grande con una boquilla simple de 1 cm, y forme pequeñas bolitas ordenadas —son ideales de unos 3 cm de diámetro— sobre las charolas para hornear. Si las bolitas están demasiado picudas, presione ligeramente con una cuchara mojada. Reserve por al menos 20 minutos, hasta que se les forme una nata en la superficie.

5 Mientras tanto, precaliente el horno a 150°C. Hornee en la rejilla intermedia de 20 a 25 minutos hasta que se sientan ligeramente firmes. Deje en las charolas para hornear por 5 minutos más, después deslice sobre una rejilla para que se enfríen por completo. No deben quedar completamente crujientes, sino chiclosos. Guarde en un recipiente hermético hasta por 3 días.

6 Si quiere formar con los macarrones una especie de sándwich, prepare el relleno. Simplemente bata el mascarpone, yogurt y azúcar glas en un recipiente. Bata la crema en otro hasta formar suaves picos, e incorpore a la mezcla de mascarpone. Haga los sándwiches de macarrones justo antes de servir. Pegue cada par de macarrones con una pequeña porción de relleno entre los dos.

Macarrones de chocolate

1 Cierna 15 g de harina blanca, 25 g de cacao en polvo y 90 g de azúcar glas en un recipiente. Agregue 100 g de almendras molidas, mezcle. En otro recipiente bata 2 claras de huevo grandes con 1 cucharada de clara de huevo en polvo hasta obtener una espuma firme, después agregue, sin dejar de batir, 90 g de azúcar refinado. Incorpore la mezcla seca.

2 Dé forma, hornee y deje enfriar los macarrones como se explica arriba.

3 Si gusta, prepare un relleno de *ganache*. Caliente 150 ml de crema para batir hasta que esté casi hirviendo, después viértala sobre 150 g de chocolate amargo (en trozos) en un recipiente. Mezcle hasta que se derrita uniformemente, después agregue 1 cucharada de brandy o ron. Deje hasta que se enfríe y espese. Pegue los macarrones para formar un sándwich como se explica arriba.

Panqués de limón y almendra

PARA PREPARAR UNOS 20
75 g de mantequilla sin sal, blanda
3 huevos de rancho medianos
80 g de azúcar refinado
40 g de almendras molidas
80 g de harina blanca
1 limón amarillo, la ralladura
azúcar glas, cernido, para espolvorear

Originalmente de la región francesa de Lorraine, estos panqués ligeros sabor limón se preparan por tradición con mantequilla dorada y se hornean en moldes con paredes onduladas. Hay muchas variedades. Mi versión incluye almendras molidas, que les dan un sabor y una textura deliciosamente esponjosa. Hornéelos en charolas para panqué con varios huecos por charola, si las tiene, o en moldes individuales.

1 Caliente la mantequilla lentamente en una olla para derretirla, después suba el fuego y cueza hasta que tome un lindo color dorado; no deje que se queme. De inmediato retire del fuego. Reserve por 5 minutos, después vierta la grasa en un recipiente, sin los restos de leche; deseche estos últimos. Enfríe la grasa a temperatura ambiente.

2 Utilizando una batidora eléctrica, bata los huevos y el azúcar en un recipiente hasta formar una espuma pálida y lo suficientemente espesa como para dejar un hilo cuando levanta las aspas de la batidora. Esto le tomará unos 5 minutos.

3 Combine almendras molidas, harina y ralladura de limón en otro recipiente. Gradualmente incorpore la mezcla de huevo batido hasta que esté uniforme. Lentamente deslice la mantequilla fría por el borde del recipiente e incorpore con mucha suavidad y cuidado. Cubra y reserve la mezcla por 2 horas.

4 Mientras tanto, precaliente el horno a 190°C. Engrase y enharine ligeramente 2 charolas para panqué con 12 huecos. Con una cuchara sirva la mezcla en los moldes preparados. (Si solo tiene una charola, hornee los panqués en tandas.)

5 Hornee de 8 a 9 minutos hasta que las superficies estén firmes y esponjosas al tocarlas. Deje en los moldes por 2 minutos más, después desmolde sobre una rejilla para enfriar. Espolvoree ligeramente con azúcar glas para servir. Los panqués saben mejor recién horneados, pero se pueden guardar en un recipiente hermético por unos cuantos días.

Variaciones

CHOCOLATE Reduzca la cantidad de harina a 60 g y cierna con 20 g de cacao en polvo.

NARANJA Utilice la ralladura de una naranja en vez de limón amarillo.

SIRVA POSTRES CREMOSOS COMO HELADOS Y *MOUSSES* CON PANQUÉS DE SABOR CONTRASTANTE, *TUILES* DE NUEZ (PÁGINA 170), LENGUAS DE GATO (PÁGINA 173), *FINANCIERS* (PÁGINA 173) O *SHORTBREADS* (PÁGINA 172), TODAS ILUSTRADAS EN LAS PÁGINAS 180-181

Minimerengues

Para esta receta utilizo un merengue francés de fácil preparación, pero puede, por supuesto, preferir el Merengue italiano (página 197) que es más firme. En los dos casos obtendrá un mejor resultado si bate las claras con una batidora eléctrica en lugar de usar una de globo. Los merengues se hornean a temperatura muy baja, el tiempo que tome depende de qué tan baja puede ser la temperatura de su horno. Idealmente deben estar blancos después de hornearlos, aunque reconozco que no siempre es posible.

1 Encienda el horno a la temperatura más baja posible, a menos de 120°C; en el dial de su horno, probablemente se indica como "bajo" o "tibio". Forre 2 charolas con un mantel de silicón o con papel para hornear.
2 Bata las claras de huevo con el jugo de limón en un tazón muy grande y limpio hasta obtener una espuma brillante de suaves picos cuando levanta las aspas de la batidora. La mezcla espumosa debe ser sedosa, no seca ni granulada.
3 Poco a poco agregue el azúcar, batiendo 1 cucharada a la vez, hasta que incorpore todo. Si va a utilizar extracto de vainilla, agréguelo con la última cucharada de azúcar. Debe quedarle un merengue firme y brillante.
4 Vierta en una manga pastelera con una boquilla acanalada de 1.5 cm. Forme estrellitas o remolinos pequeños de 5 a 6 cm de diámetro sobre las charolas para hornear preparadas, espaciándolas ligeramente para permitir que se expandan un poco. Debe obtener de 24 a 30 merengues.
5 Hornee de 1½ a 2 horas, según la temperatura del horno. Si los merengues parecen estar dorándose, baje la temperatura interior manteniendo abierta la puerta del horno, sostenida con el mango de una cuchara de madera. Trate de mantenerlos lo más blancos posibles. Los merengues estarán listos cuando pueda levantar uno limpiamente. Transfiera a una rejilla para enfriar. Encontrará que se ponen más crujientes a medida que se enfrían. Sirva pronto después de que se enfríen, o guarde en un recipiente hermético hasta por 5 días.

PARA PREPARAR DE 24 A 30
3 claras de huevos de rancho grandes
1 chorrito de jugo de limón amarillo
150 g de Azúcar vainillado (página 129), o azúcar refinado
1 cucharadita de extracto de vainilla

CHOCOLATES

¿Qué sería un libro de postres sin una sección dedicada al chocolate? Estas son, tal vez, las páginas más populares y mejor usadas de cualquier libro de cocina. Tenemos muchos postres de chocolate en el restaurante; a cada mesa se le sirve con su café un platito de exquisitos chocolates hechos a mano. Tienen rellenos sedosos y suaves, con sabores sutiles de tomillo, miel, semillas de ajonjolí e incluso sal marina.

Cocinar exitosamente con chocolate requiere de cierta comprensión de las distintas cualidades del chocolate. La calidad de un chocolate en particular se determina por la variedad de grano de cacao y los porcentajes de sólidos o masa de cacao (el elemento que brinda el sabor) y mantequilla de cacao (la grasa). El porcentaje de sólidos de cacao puede ser de 30% o hasta 80%. Cuanto mayor sea la proporción de sólidos de cacao, más clara la textura y limpio el sabor. El chocolate con 70% de sólidos de cacao hace un chasquido al romperlo. El chocolate con un porcentaje menor de sólidos tendrá un porcentaje mayor de mantequilla de cacao y otras grasas y cremas. El chocolate con una proporción alta de mantequilla de cacao es el más popular del mercado de confitería: los chocolates de leche y dulces. Pero no hay que denigrar al chocolate de leche. Existen marcas de buena calidad; nosotros usamos una excelente variedad llamada Jivara hecha por Vlarhona, nuestra marca favorita.

Para un intenso sabor chocolatoso, necesita usar una marca con al menos 60% de sólidos de cacao. Esto se indica en la etiqueta del paquete, a menudo impreso al frente con letras grandes y brillantes. Encuentro que el chocolate con 70% de sólidos, aunque muy fino, para mi gusto puede pasarse un poco de amargo para algunos *mousses* y cuando se enfría se endurece demasiado. Por ejemplo, el Pastel de chocolate amargo (página 164) queda mejor con 60% de sólidos, para que se mantenga esponjosa y suave. El chocolate blanco no tiene sólidos de cacao (de ahí el color), pero tiene vainilla y mantequilla de cacao para darle un sabor distintivo y textura sedosa.

La confección de chocolates es una ciencia bastante exacta. Cuando preparamos nuestros chocolates o remojamos una bola de helado en chocolate derretido, nos gusta que se endurezcan con brillo. Esto requiere un proceso llamado "templar", que solo se puede hacer en una máquina especial que mezcla el chocolate derretido a temperatura constante. Se pueden comprar máquinas caseras para templar, aunque cuestan, así que son estrictamente para el entusiasta adinerado.

Calidades de chocolate y sus usos

- El de 70% y más sólidos de cacao es perfecto cuando se busca un sabor amargo y limpio, y el que preferimos para hacer *ganache*. Usamos uno de calidad llamado Guanaja.
- El de 60 a 55% sólidos de cacao —también conocido como *couverture*— es ideal para pudines horneados y *mousses*, y también para recubrir.
- El de 40% sólidos de cacao —leche de chocolate de calidad— es adecuado para *mousses* cremosos.
- El chocolate blanco no tiene sólidos de cacao, pero las marcas de buena calidad tienen un delicioso sabor cremoso y son adecuadas para postres y para recubrir.

Para derretir el chocolate

1 Trocee el chocolate y coloque en un refractario grande, y a su vez colóquelo sobre una charola de agua hirviendo muy suavemente (al baño María). No deje que el agua se caliente demasiado, ni deje que entre en contacto con el chocolate, o se sobrecalienta y se apelmaza.

2 Mezcle ocasionalmente hasta derretir y suavizar, después retire de inmediato el tazón de la charola y permita que el chocolate se enfríe.

• Otra opción es derretir el chocolate en el microondas. Trocéelo y coloque en un recipiente adecuado, caliente a temperatura alta o mediana en etapas de 30 segundos, mezclando entre cada una. Probablemente sea suficiente un máximo de 2 minutos para una barra promedio de 150 g, dependiendo de la potencia de su horno.

• El chocolate blanco es un poco más difícil de derretir y necesita un calor más suave. A menudo lo colocamos en un recipiente al lado de una estufa caliente para que se derrita lentamente después de un par de horas.

• Para una *ganache*, como la que utilizaría para hacer trufas, prefiero usar crema caliente para derretir el chocolate. Simplemente trocee el chocolate y coloque en un recipiente. Lleve la crema a hervor, después vierta lentamente sobre el chocolate, mezclando en una misma dirección hasta que se derrita y suavice (como se ilustra abajo).

• El chocolate debe derretirse con cuidado para evitar que se sobrecaliente y apelmace. Si necesita agregar alcohol, leche o agua, entonces debe hacerlo al derretirlo, antes de aplicar el calor. Si lo agrega después, el chocolate se puede apelmazar. Si se apelmaza, se vuelve una masa gruesa, pastosa y desagradable. El único remedio es disolver esa masa en un poco de agua tibia, pero se aguada considerablemente.

Trufas de chocolate amargo con miel

Las trufas son bastante sencillas de hacer, aunque toma un rato darles forma y cubrirlas. Comience por hacer una *ganache* intensa —una mezcla de chocolate y crema— que después se enfría, se le da forma, se cubre con chocolate derretido y se le da una espolvoreada final de cocoa en polvo. Necesitará dos calidades de chocolate: chocolate amargo con 70% de sólidos de cacao para la *ganache*; chocolate para remojar las trufas o *couverture* con 55 a 60% de sólidos de cacao.

1 Coloque la crema para batir y la crema en una olla con la glucosa, y lleve a hervor. Trocee el chocolate amargo y coloque en un tazón refractario. Vierta la crema caliente encima lentamente, mezcle con un movimiento circular en una sola dirección. Después agregue la miel tibia, mezcle de la misma manera. Revuelva el chocolate desde el fondo del tazón para asegurarse de que todo esté bien incorporado.

2 Deje enfriar la *ganache* hasta que se sienta ligeramente tibia (35 a 40°C), después añada la mantequilla en cubos, mezcle hasta derretir. Con una cuchara sirva la *ganache* en un plato y deje enfriar para que se endurezca un poco, hasta formar una ligera nata encima.

3 Para hacer "palillos de chocolate", vierta la mezcla en una manga pastelera con una boquilla de 1 cm. Forme sobre una tabla líneas cortas, de unos 5 cm cada una. Para hacer esferas, forme bolitas con una cucharita y ruédelas ligeramente entre sus manos; coloque en un plato. Refrigere las trufas hasta que endurezcan.

4 Derrita suavemente el chocolate *couverture* en un refractario al baño María. Para recubrir las trufas o los palillos, ensártelas una por una en una brocheta delgada o un palillo largo fino y remoje en la *couverture* derretida. Después, ruede de inmediato en la cocoa cernida y reserve para que endurezcan. Refrigere hasta que esté listo para servir. Cómalas en 3 o 4 días máximo.

Nota: La mantequilla concentrada se consigue en algunos supermercados. Si no, puede clarificar la mantequilla sin sal derritiéndola y vertiendo con cuidado la grasa derretida de mantequilla a un recipiente, sin los restos de leche. Enfríe la grasa de mantequilla antes de usarla.

PARA PREPARAR UNOS 500 g

125 ml de crema para batir

25 ml de crema

2 cucharadas de glucosa líquida

250 g de chocolate amargo (70% cacao)

65 g de miel líquida, tibia

65 g de mantequilla concentrada, en cubos (ver nota)

125 g de chocolate *couverture* (55 a 60% cacao)

cocoa en polvo, cernida, para decorar

Tartaletas de trufa de chocolate

PARA PREPARAR UNAS 24
1 porción de Pasta de chocolate (página 203)
RELLENO DE *GANACHE*:
150 ml de leche
250 ml de crema para batir
250 g de chocolate amargo (70% cacao)

Son ideales para servir como canapés en un buffet. Prepare la pasta de chocolate y hornee previamente las bases de pasta para las tartaletas. Guarde la *ganache* para rellenarlas con una manga pastelera justo antes de servirlas. También puede servir cucharadas de Cerezas marinadas o Frutos macerados (página 13) antes de verter la *ganache*. Sirva las tartaletas a temperatura ambiente para que el relleno esté suave.

1 Sobre una superficie enharinada, extienda la pasta de chocolate con un rodillo hasta 5 mm de grosor (úsela recién sacada del refrigerador). Con un molde para galletas de 6 cm, corte 24 círculos y utilícelos para forrar 2 charolas pequeñas para tartas o panqués miniatura de 12 huecos. Perfore las bases con un tenedor y reserve en un lugar fresco por 20 minutos. Precaliente el horno a 200°C.
2 Hornee las tartaletas de 10 a 12 minutos, perforando las bases si se inflan. Deje en los moldes hasta que se endurezcan, después retire con cuidado y transfiera a una rejilla para que se enfríen y queden crujientes.
3 Mientras tanto, prepare el relleno. Coloque la leche y la mitad de la crema en una olla pequeña y lleve a hervor. Trocee el chocolate y colóquelo en un recipiente. Vierta la mezcla de crema caliente y mezcle en una sola dirección hasta que el chocolate se derrita y la mezcla esté suave. Deje enfriar hasta que esté tibio.
4 Bata la crema restante en un tazón hasta formar suaves picos e incorpore a la *ganache*. Con una manga pastelera con boquilla acanalada rellene las tartaletas. Para un seductor acabado brillante, pase un soplete por la superficie.

Enjambre de chocolate y avellana caramelizada

PARA PREPARAR UNOS 24 ENJAMBRES
200 g de azúcar refinado
1 o 2 cucharadas de agua
50 g de mantequilla
100 g de avellanas enteras
200 g de chocolate amargo (55 a 60% cacao)

Los pequeños puñitos de nueces se fijan en un caramelo untuoso y después se cubren de chocolate derretido. Si prefiere, puede usar chocolate de leche o blanco.

1 Forre una charola para hornear con un mantel de silicón o papel para hornear. Derrita el azúcar con el agua en una olla de fondo grueso a fuego muy lento. Una vez que se hayan disuelto todos los gránulos de azúcar, agregue la mantequilla y mezcle. Aumente el fuego y hierva hasta obtener un color dorado. Retire del fuego.
2 Deje caer adentro un puñito de 3 nueces, sáquelo de inmediato con una cuchara de metal y colóquelo en la charola. Repita con las nueces restantes para preparar unos 24 enjambres. Deje enfriar hasta que endurezcan.
3 Derrita el chocolate (página 183). Remoje cada enjambre de nuez en el chocolate para cubrirlo, y coloque sobre un papel para hornear hasta que endurezca. Guarde en un recipiente hermético hasta por 3 días.

Esferas heladas de fresa y chocolate blanco

Una sofisticada manera de servir helado como *petit fours*. Necesitará palillos cocteleros para ensartar las bolas de helado antes de recubrirlas.

PARA PREPARAR DE 20 A 24
1 porción de Helado de fresa (página 58)
200 g de chocolate blanco

1 Después de batir el helado de fresa, transfiera a un recipiente poco profundo y congele hasta que esté lo suficientemente firme como para formar bolas. Con papel para hornear, forre 2 charolas pequeñas que puedan usarse en el congelador. Forre con papel aluminio un bloque de foam para hacer arreglos florales; en este ensartará los palillos que sostendrán las bolas de helado mientras se endurecen.

2 Con un vaciador de pulpa de fruta y trabajando con mucha velocidad, sirva el helado en bolas pequeñas y coloque en la charola forrada. Una vez que haya formado de 6 a 7 esferas, coloque la charola en el congelador para que no se derritan. Siga así, agregando las bolas de helado a una charola y volviéndola a meter al congelador a medida que cada tanda de 6 a 8 esté completa. Congele hasta que estén sólidas.

3 Mientras tanto derrita el chocolate blanco al baño María (página 183) y enfríe hasta que esté apenas tibio.

4 Ensarte cada bola de helado en un palillo y remoje en el chocolate derretido, girando para cubrirla bien. Inserte el palillo en el bloque de foam para que se sostenga parado; el chocolate deberá endurecerse de inmediato para que la cubierta quede pareja. Repita rápidamente con las otras bolas.

5 Una vez endurecidas, retire el palillo y con el dedo cubra con chocolate la pequeña perforación. Guarde en el congelador hasta por 1 día antes de servir. Sirva en pequeños moldes para *petits fours* o ensartadas en los palillos.

Croquant de trufa de chocolate

Hay pocas cosas mejores que un ligero *mousse* de chocolate servido en copitas elegantes. Este obtiene su sabor de mi caramelo casero.

8 A 12 PORCIONES
½ porción de Crema inglesa (página 193)
300 g de chocolate amargo (60% cacao)
150 ml de crema para batir
100 g de Mi caramelo casero (página 201)

1 Trocee el chocolate y coloque en un refractario grande. Vuelva a calentar la crema inglesa hasta entibiarla y viértala lentamente sobre el chocolate, revolviendo hasta derretirlo. Si es necesario, coloque el tazón al baño María. Deje enfriar a temperatura ambiente, mezclando una o dos veces.

2 Bata la crema hasta formar suaves picos e incorpore a la mezcla enfriada. Muela el caramelo en un procesador de alimentos o licuadora hasta obtener migajas finas, después incorpore.

3 Con una cuchara o una manga pastelera de boquilla acanalada, vierta en copas pequeñas. Sirva a temperatura ambiente.

básicos

Crema inglesa

Un gran clásico británico. La crema inglesa es la máxima salsa para rociar sobre postres; también es la base para los helados clásicos. Prefiero usar leche entera ultrapasteurizada porque parece que hace más estable la salsa. La crema inglesa no es difícil de hacer, pero debe cocinarla a la menor temperatura posible o se cortará. Si cocina en estufa de gas, un difusor de calor es una buena inversión. Puede usar un termómetro de caramelo para verificar si ya se coció lo suficiente: la temperatura debe mantenerse en 82°C.

1 Coloque la leche y la crema en una olla de fondo grueso solo con 1 cuchara de azúcar (para evitar que el líquido se derrame al hervir).
2 Sostenga un extremo de la vaina de vainilla y presione la parte roma de un cuchillo a lo largo de la vaina para aplanarla (esto afloja las semillas). Corte la vaina a lo largo y con la punta del cuchillo saque las diminutas semillas.
3 Agregue las semillas de vainilla a la olla junto con la vaina vacía. Lleve a hervor lentamente.
4 Mientras tanto, con un batidor de globo, bata las yemas de huevo y el azúcar restante en un tazón colocado sobre un paño de cocina doblado (para mantenerlo estable) hasta obtener una mezcla pálida y cremosa.
5 Cuando el líquido esté a punto de hervir, vierta casi un tercio sobre la mezcla de huevo, batiendo bien. Poco a poco añada el resto de la leche, mezclando continuamente.
6 Vuelva a vertir la mezcla en la olla, mezclando. Cocine a fuego muy lento, revuelva continuamente con una cuchara de madera hasta espesar ligeramente. Estará lista cuando pueda trazar una línea firme al pasar un dedo por la parte posterior de la cuchara.
7 De inmediato retire la olla del fuego y pase la natilla por un colador fino a un recipiente frío. Cubra y deje enfriar, revolviendo ocasionalmente para evitar que se forme nata. Refrigere hasta que lo requiera. La crema inglesa se puede refrigerar de 2 a 3 días, pero no puede congelarse (a menos que la vaya a batir como helado).

Crema inglesa a la menta
Omita la vaina de vainilla. Lleve la leche cremosa a hervor, después retire del fuego y agregue las hojas de 6 ramitos de menta fresca. Reserve para dejar en infusión por 30 minutos, después deseche las hojas y vuelva a llevar a hervor. Prosiga como se describe arriba.

PARA PREPARAR UNOS 600 ml
250 ml de leche entera (preferiblemente ultrapasteurizada o UHT)
250 ml de crema para batir
50 g de azúcar refinado
1 o 2 vainas de vainilla
6 yemas de huevos de rancho grandes

Crema pastelera

La *crème pat*, como le decimos de cariño, es la base de los clásicos *soufflés* dulces calientes; también es un maravilloso relleno para los pastelitos y *éclairs*. La crema pastelera debe ser sedosa y hornearse lo suficiente para asegurarse de que la maicena se cocina correctamente; esto le permite incorporar una buena cantidad de puré saborizante cuando prepara un *soufflé* caliente. Casi todas las recetas necesitan la porción que se explica aquí, pero es más sencillo preparar una cantidad más grande; simplemente utilice la mitad y refrigere el resto por 2 o 3 días. La leche ultrapasteurizada le permitirá hacer una mezcla más estable.

PARA PREPARAR UNOS 650 ml

350 ml de leche entera

150 ml de crema para batir

75 g de azúcar refinado

1 vaina de vainilla, cortada a lo largo y con las semillas extraídas (página 193)

1 huevo de rancho grande

3 yemas de huevos de rancho grandes

40 g de maicena

1 Coloque la leche y la crema en una olla de fondo grueso con 1 cucharada de azúcar, las semillas de vainilla y la vaina vacía. Lleve a hervor lentamente.

2 Mientras tanto, bata el huevo, las yemas y el azúcar restante en un tazón grande con un batidor de globo hasta obtener una mezcla pálida y cremosa.

3 Pase un tercio de la maicena por un cernidor al tazón y bata por completo, manteniendo la mezcla uniforme. Incorpore el resto de la maicena de la misma manera (en dos tandas más).

4 Cuando la leche cremosa esté a punto de hervir, vierta un tercio sobre la mezcla de huevo, bata bien. Vierta el resto de la leche poco a poco, mezcle continuamente. Retire la vaina de vainilla.

5 Vuelva a colocar la mezcla en la olla, batiendo. Hierva suavemente por 3 o 4 minutos, revolviendo vigorosamente, hasta espesar y que esté uniforme. Debe asegurarse de que la crema pastelera esté bien cocinada o tendrá un sabor harinoso.

6 Vierta en un tazón, cubra y deje enfriar. Después refrigere hasta que la necesite.

MERENGUES

Hay tres merengues clásicos en el repertorio de un chef repostero: el francés, el italiano y el suizo. El más sencillo es el francés. Para este, el azúcar se incorpora batiéndolo a las claras de huevo esponjadas, hasta que queda espeso y brillante. El azúcar se incorpora de esta manera para asegurar que se disuelva en las claras de huevo y que al hornearse no suelte "lágrimas". Para la mayoría de las recetas de este libro que utilizan merengue, basta esta mezcla sencilla, aunque debe usarse de inmediato o "se baja" (se desbarata). Sin embargo, muchos chefs prefieren usar el merengue italiano, que se prepara con un almíbar hirviendo, como la *pâte à bombe*. Este se puede guardar durante varias horas en el refrigerador. (El merengue suizo es incluso más firme; después de batir las claras de huevo con el almíbar caliente, la mezcla se bate sobre un recipiente al baño María).

Merengue francés

PARA PREPARAR UNOS 500 ml
2 claras de huevos de rancho grandes,
   a temperatura ambiente
1 pizca de sal, o 1 chorrito de jugo de limón
   amarillo
100 g de azúcar refinado

Un merengue veloz y fácil de hacer que se hornea de inmediato. Es el que se usa para el pay de merengue de limón, o para los simples merengues que se hornean hasta quedar crujientes por fuera y chiclosos en el centro. Hay que usarla a más tardar 10 minutos después de su preparación o puede comenzar a bajarse.

1 Coloque las claras de huevo en el recipiente sin grasa de una batidora eléctrica de pedestal, o en un recipiente grande si va a usar una batidora eléctrica de mano. Agregue la sal o el jugo de limón y 1 cucharada de azúcar. Bata lentamente al principio, después aumente la velocidad. Bata hasta formar picos suaves, pero no bata de más o la mezcla quedará seca y granulada.
2 Poco a poco agregue el resto del azúcar, batiendo, una cucharada a la vez.
3 Siga batiendo hasta que el merengue esté suave, brillante y se levante en picos firmes. Use cuanto antes.

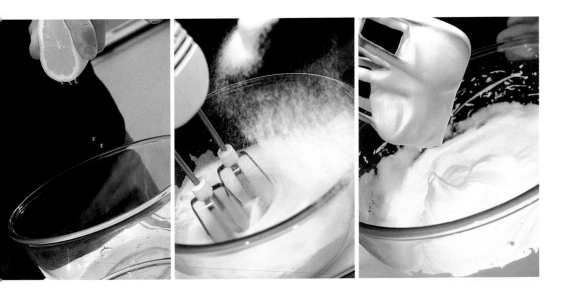

Merengue italiano

Este es el merengue favorito de los chefs, tiene una maravillosa textura sedosa así como estabilidad, que permite prepararlo con antelación y guardarlo en el refrigerador hasta por 8 horas. Añadir un almíbar hirviendo (en vez de azúcar) en las claras de huevo batidas genera su preciada estabilidad o consistencia. No deje que el método lo desanime —realmente es muy sencillo prepararlo—, solo necesita un termómetro para revisar la temperatura del almíbar. La glucosa líquida se agrega al almíbar para evitar que se cristalice el azúcar.

PARA PREPARAR UNOS 600 ml

120 g de azúcar refinado

1 cucharadita de glucosa líquida

2 cucharadas de agua

2 claras de huevos de rancho grandes

1 Coloque el azúcar, la glucosa y el agua en una olla de fondo grueso y disuelva a fuego muy lento, revolviendo una o dos veces. Una vez que el almíbar esté transparente, suba el fuego y (si lo tiene) coloque un termómetro de caramelo en la olla.

2 Mientras tanto, coloque las claras de huevo en un tazón limpio y mezcle con una batidora eléctrica hasta llegar a la etapa de picos suaves.

3 Siga hirviendo el almíbar hasta que alcance una temperatura de 120°C, o el "punto de caramelo", cuando un poquito del almíbar caliente cae en un vaso de agua fría y forma una bolita firme y clara. Esto debe tomar de 5 a 7 minutos.

4 Con la batidora a velocidad baja, rocíe lentamente el almíbar hirviendo sobre las claras de huevo batidas.

5 Siga batiendo por unos 5 minutos más, hasta que la mezcla se enfríe y alcance una temperatura ambiente. El merengue italiano debe ser suave y sedoso, firme y de color blanco brillante.

Pâte à bombe

PARA PREPARAR 350 ml
100 ml de agua
150 g de azúcar refinado
5 yemas de huevos de rancho grandes

Se utiliza como base para *mousses* y *parfaits* helados, pues necesitan una espuma estable y ligera de yemas batidas y azúcar. Siempre se agrega una solución fuerte y caliente de azúcar a las yemas de huevo, batiendo, y después se baten al baño María (sobre una olla con agua) a fuego muy lento para "cocinar" eficazmente la espuma y volverla más estable. El almíbar debe hervirse a la temperatura correcta, un termómetro de caramelo es útil para ello, aunque no esencial. Es invaluable una batidora eléctrica de mano pequeña. Puede guardar la *pâte à bombe* durante 1 o 2 días en el refrigerador, pero bátala una vez más antes de usarla. Se puede congelar, pero hay que batirla de nuevo una vez descongelada y usarla de inmediato.

1 Coloque el agua y el azúcar en una olla de fondo grueso y caliente por completo hasta disolver, revolviendo una o dos veces. Una vez que el almíbar esté transparente, aumente el fuego y coloque el termómetro de caramelo (si lo tiene) en la olla.

2 Mientras tanto, bata las yemas en un refractario con una batidora eléctrica a toda velocidad, hasta obtener un color amarillo pálido y una consistencia espesa y cremosa.

3 Siga hirviendo el almíbar hasta alcanzar unos 120°C o el "punto de caramelo", cuando un poquito del almíbar caliente cae en un vaso de agua fría y forma una bolita firme y clara. Esto debe tomar de 5 a 7 minutos. Otra buena indicación es cuando el almíbar comienza a caramelizarse en los bordes. Tan pronto como el almíbar llegue a esta etapa, retire del fuego.

4 Con las aspas de la batidora eléctrica aún encendidas, deje caer lentamente un hilito de almíbar recién hervido sobre las yemas de huevo batidas (como se ilustra arriba a la derecha).

5 Siga batiendo a toda velocidad para que la *pâte à bombe* aumente en volumen y cremosidad (como se ilustra abajo a la izquierda).

6 Una vez que la mezcla se convierta en una espuma espesa (como se ilustra abajo a la derecha), se puede utilizar para helados y *parfaits*. Sin embargo, para los *mousses* la necesita más espesa, así que coloque el tazón sobre una olla con agua hirviendo suavemente y bata por 5 minutos más, hasta que la mezcla espese y se levante en picos redondos y esponjosos. Retire el tazón del fuego y siga batiendo hasta que la mezcla se enfríe a temperatura ambiente; debe quedar suavemente firme.

7 Utilice la *pâte à bombe* a temperatura ambiente o refrigere hasta por 2 días, pero asegúrese de batirla de nuevo antes de usarla.

Almíbar simple

PARA PREPARAR UNOS 750 ml
500 g de azúcar refinado
500 ml de agua
1 limón amarillo

Este es uno de mis grandes básicos para los postres. Es muy útil tenerlo en el refrigerador para aderezar fruta fresca, escalfarla o prepararla en terrinas. También para remojar rebanadas delgadísimas de fruta antes de deshidratarla. Puede saborizarlo como desee (página 10). De hecho, sugiero que guarde en el refrigerador almíbar simple y una versión saborizada, lo puede conservar por 2 o 3 semanas.

Esta receta básica es para un almíbar fuerte, algunas recetas requieren un almíbar ligero (ver abajo).

1 Coloque el azúcar y el agua en una olla de fondo grueso y caliente lentamente hasta disolver el azúcar. Revuelva una o dos veces en este tiempo.
2 Mientras tanto, con un pelapapas, corte 3 tiras de cáscara de limón y agréguelas a la olla.
3 Una vez disuelto el azúcar, lleve el almíbar a hervor y mantenga por unos 5 minutos.
4 Deje enfriar, después retire las tiras de cáscara y vierta el almíbar en una botella o frasco. (Puede dejar la cáscara de limón para obtener un sabor más fuerte, pero tiende a pintar el almíbar con un color amarillo.)

Almíbar ligero

Tendrá que modificar la proporción de agua y azúcar para obtener un almíbar más ligero, así que utilice 500 ml por 250 g de azúcar. (Obtendrá unos 625 ml.)

Otra opción es simplemente diluir el almíbar básico con 250 ml de agua hirviendo. (Obtendrá casi 1 l.)

Mi caramelo casero

Básicamente es un buen caramelo a la antigüita. Si le agrada el centro de las barras de chocolate Crunchie, entonces lo amará. Es parecido a una praliné ligera, sin las almendras. Muélalo y mézclelo con helado o sorbete de limón, o espolvoréelo sobre *mousses* y nieves. O simplemente cómalo en trozos como un dulce especial.

PARA PREPARAR UNOS 400 g
75 g de miel líquida
140 g de glucosa líquida
400 g de azúcar refinado
5 cucharadas de agua
20 g de bicarbonato de sodio

1 Forre una charola poco profunda con papel para hornear. Para ablandar la miel y la glucosa, remoje los frascos en una olla con agua caliente para que el contenido fluya con facilidad. (Para obtener la cantidad correcta, puede pesar una olla de fondo grueso sobre su báscula; después agregue los jarabes tibios, calculando los pesos adicionales a medida que sea necesario.)

2 Coloque la olla a fuego lento, agregue el azúcar y el agua. Caliente, revolviendo ocasionalmente, hasta disolver el azúcar.

3 Suba a fuego medio y cocine hasta que el almíbar se convierta en un ligero caramelo dorado; debe marcar justo debajo de 150°C en un termómetro de caramelo. Agregue el bicarbonato de sodio, revolviendo; espumará como loco y parecerá que entra en erupción. De inmediato vierta sobre la charola para hornear, deje que fluya y se nivele.

4 Deje enfriar cerca de 1 hora hasta que se endurezca y esté crujiente, después rómpalo en trozos.

5 Si una receta indica caramelo molido, licúelo hasta obtener la consistencia requerida, o rómpalo suavemente en un tazón con el extremo de un rodillo.

Pâte sucrée

PARA PREPARAR CASI 1 kg

250 g de mantequilla, blanda

180 g de azúcar refinado

3 a 4 vainas de vainilla

2 huevos de rancho grandes, batidos

500 g de harina blanca

¼ de cucharadita de sal marina fina

Esta es una de las masas estándar que usamos para las tartas. Prepare una porción grande y divida en 3 o 4 porciones. Envuelva las porciones que no necesite de inmediato en película autoadherente y congele. Para mejores resultados, prepare la *pâte sucrée* con la batidora eléctrica, después amase ligeramente a mano.

1 Con una batidora eléctrica, bata la mantequilla y el azúcar en un tazón hasta formar una mezcla suave y cremosa, pero no esponjosa. Corte las vainas de vainilla y con la punta de un cuchillo raspe para sacar las semillas, agréguelas a la mezcla cremosa.

2 Con la batidora a baja velocidad, incorpore poco a poco los huevos batidos. Pare una o dos veces para integrar la mezcla que se pega en las paredes del tazón.

3 Cierna la harina y la sal. Con la batidora a la velocidad más baja, agregue la harina en 3 o 4 etapas. Tan pronto como la mezcla se incorpore como una masa con textura de migajas, detenga la máquina.

4 Junte la masa y vuelque sobre una superficie ligeramente enharinada, preferiblemente de mármol frío. Amase brevemente con las manos hasta que esté uniforme; solo debe tomar 1 o 2 minutos. Evite amasar de más o la pasta se ablandará con el calor de sus manos.

5 Divida en 3 o 4 porciones y envuelva en película autoadherente. Deje reposar 30 minutos en el refrigerador antes de extender con el rodillo. Congele la que no use.

6 Antes de extender la *pâte sucrée* con el rodillo, amásela ligeramente una vez más, para evitar que se quiebre mientras la extiende. Enharine un poco su superficie de trabajo y extienda la masa rápidamente con el rodillo, de forma ligera y uniforme. Si aplica demasiada presión soltará la mantequilla en la masa y será difícil darle forma.

Pasta de azahar

Modifique las tartas y pays variando la pasta en vez del relleno.
Ésta mejorará sus tartas de carne navideñas o hará que una tarta de limón
sea aún más paradisiaca. También puede usarla para preparar cubiertas
crujientes para tartaleta: hornee hasta que estén crujientes, deje enfriar,
después rellene con *crème fraîche* batida mezclada con natilla de limón,
y cubra con fresas frescas. La pasta de azahar se congela bien; la mayoría
de las recetas necesitan la mitad de esta porción, así que congele la otra
mitad para usarla en otro momento. Encontrará el agua de azahar en la
sección de hornear de supermercados selectos y delicatesen.

PARA PREPARAR UNOS 450 g
150 g de mantequilla sin sal, blanda
75 g de azúcar glas, cernido
1 naranja, la ralladura fina
2 yemas de huevos de rancho, batidas
1 cucharadita de agua de azahar
250 g de harina blanca

1 Bata la mantequilla, el azúcar glas, la ralladura de naranja, las yemas
de huevo y el agua de azahar en un tazón hasta obtener una crema suave.
2 Agregue la harina y mezcle con un cuchillo de mesa, después junte la
mezcla con sus manos y amase hasta obtener una masa uniforme.
3 Envuelva en película autoadherente y reserve en el refrigerador por
al menos 2 horas. Dele a esta pasta otra amasada ligera antes de
extenderla con el rodillo, para evitar que se agriete.

Variación
Para una pasta de limón, omita el agua de azahar y la ralladura de naranja.
En su lugar, agregue la ralladura fina de 2 limones amarillos y 1 cucharadita
de jugo de limón amarillo.

Pasta de chocolate

Esta pasta tiene muchos usos, no solo en tartas de chocolate. Es perfecta
para las tartaletas de natilla de limón y diminutas bases de tartaletas
para rellenar con fresas y crema.

PARA PREPARAR UNOS 300 g
125 g de harina blanca
15 g de cocoa en polvo
$1/2$ cucharadita de sal marina fina
60 g de azúcar refinado
60 g de mantequilla, blanda
30 g de chocolate amargo, derretido y enfriado
1 yema de huevo de rancho

1 Cierna la harina, la cocoa en polvo y la sal.
2 En un tazón grande bata el azúcar y la mantequilla hasta que estén
pálidos y cremosos, después agregue el chocolate derretido y enfriado,
batiendo.
3 Agregue la mezcla de harina y yema de huevo, mezcle hasta obtener
una masa suave y uniforme. Forme una bola aplanada, envuelva en película
autoadherente y reserve en el refrigerador por unos 30 minutos antes de
extender con el rodillo.

Pasta *choux*

Es una de las pastas más fáciles de hacer —¡de verdad!—. Todo se calienta junto y se bate en una olla. Después, con una manga pastelera o cuchara, se coloca la espesa pasta sobre una charola para hornear engrasada. La mezcla se infla hasta formar bolas de masa crujientes, ligeras y huecas, que se pueden rellenar después con crema batida. Mi receta incluye un poco de leche condensada, lo que le da a la pasta una consistencia dulce y crujiente. El *choux* se ablanda si se hornea con demasiada antelación, aunque puede remediarse si lo recalienta brevemente en un horno a temperatura baja.

1 Coloque la leche, el agua, la leche condensada, la sal y la mantequilla en una olla grande de fondo grueso. Caliente suavemente hasta derretir el azúcar. Mientras tanto, cierna la harina.

2 Lleve el líquido a un hervor intenso, vierta toda la harina en la olla y bata vigorosamente con una cuchara de madera.

3 Siga batiendo la mezcla sobre el fuego hasta obtener una pasta uniforme y espesa que deje limpias las paredes de la olla (como se ilustra abajo a la izquierda).

4 Vierta en un tazón y deje enfriar por 5 minutos, después con la batidora a baja velocidad, gradualmente agregue los huevos batidos, un cuarto cada vez, poniendo la velocidad en alto por espacios de 10 segundos justo después de agregarlos, para "meterle aire" a la mezcla. Continúe hasta obtener una pasta uniforme con una consistencia firme (como se ilustra a la derecha). No la suavice demasiado, quizá no sea necesario añadir todo el huevo.

5 Deje enfriar hasta que la pasta *choux* esté lo suficientemente espesa para usar con una cuchara o una manga pastelera, pero no la deje enfriar demasiado o será difícil darle forma.

PARA PREPARAR 400 g

5 cucharadas de leche

5 cucharadas de agua

2 cucharadas de leche condensada (Lechera)

½ cucharadita de sal marina fina

70 g de mantequilla, cortada en cubos pequeños

85 g de harina blanca

3 huevos de rancho medianos, ligeramente batidos

Pasta de hojaldre de pura mantequilla

PARA PREPARAR 1.2 kg
500 g de harina blanca
¹/₂ cucharadita de sal marina fina
500 g de mantequilla, cortada en trozos
1 cucharadita de vinagre blanco
unos 300 ml de agua helada

Este hojaldre es robusto, adecuado para pasteles o roscas firmes como los *Pithiviers* (página 160).

1 Reserve 10 g de harina. Pase el resto de la harina y la sal por un cernidor a un tazón y agregue 50 g de la mantequilla, frotando, hasta que la mezcla asemeje migajas finas. Puede hacerlo también en un procesador de alimentos.

2 Agregue el vinagre y poco a poco deje caer un hilito de agua helada, mezcle con un cuchillo de mesa hasta obtener una masa uniforme. Es posible que no necesite toda el agua, o quizá tenga que añadir más. Envuelva la masa en película antiadherente.

3 Coloque los 450 g restantes de mantequilla en un trozo de papel para hornear y espolvoree con un poco de la harina reservada. Coloque encima otro trozo de papel para hornear y a palmaditas forme un rectángulo que mida 23 x 33 cm, levantando el papel y espolvoreando con harina a medida que lo hace. Refrigere hasta endurecer; refrigere la masa al mismo tiempo, por unos 20 minutos.

4 Sobre una superficie ligeramente enharinada, extienda la masa con el rodillo hasta obtener un rectángulo de 25 x 35 cm, ligeramente más grande que las dimensiones de la de mantequilla, manteniendo sus nudillos bajo el rodillo para aplicar una presión uniforme (como se ilustra abajo a la izquierda). Asegúrese de que los bordes y esquinas estén rectos y limpios; es uno de los secretos del éxito. Si es necesario, manipule ligeramente la masa para darle la forma requerida.

5 Coloque el rectángulo de mantequilla sobre la masa extendida, dejando un margen en los bordes (página siguiente, arriba a la izquierda). Doble a la mitad, encerrando la mantequilla. Presione bien los bordes de la masa, sellando la mantequilla dentro.

6 Estire la masa uniformemente, con sus nudillos bajo el rodillo para mantener pareja la presión (página siguiente, arriba a la derecha). Después extienda la masa en una sola dirección hasta obtener tres veces su extensión, asegúrese de que no atraviesa la mantequilla.

7 Doble la masa en tres: lleve el tercio de arriba hacia el centro, después doble el tercio de abajo encima (página siguiente, abajo a la izquierda).

8 Dele un cuarto de giro a la masa y vuelva a extender como antes en la misma dirección, espolvoreando ligeramente con harina, a medida que sea necesario. Doble como antes, manteniendo limpios los bordes (página siguiente, abajo a la derecha), después envuelva en película autoadherente y refrigere por 20 minutos, o más si hace calor.

9 Desenvuelva con el doblez del mismo lado que antes, y extienda por tercera vez. Vuelva a doblar como antes: de arriba al centro, después de abajo para arriba. Esto se conoce como el "doblez simple". Después doble a la mitad otra vez, como una cartera; a esto le llamamos "doblez doble". Envuelva y refrigere por 20 minutos. Finalmente, divida en porciones como lo indique su receta.

Pasta hojaldrada de mascarpone

PARA PREPARAR CERCA DE 1.4 kg
MEZCLA DE MANTEQUILLA:
200 g de mascarpone
250 g de mantequilla, blanda
50 g de harina blanca
MASA DE HARINA:
500 g de harina blanca
1 cucharadita de sal marina fina
50 g de mantequilla, derretida y enfriada
400 ml de agua

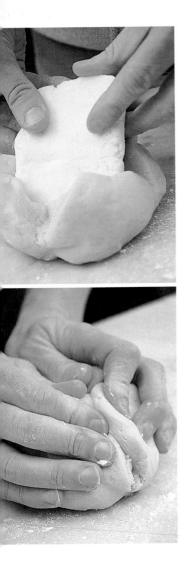

Una hermosa pasta ligera y tierna con una textura que se derrite en la boca. Para prepararla se extiende con el rodillo una mezcla untuosa de mascarpone junto con una masa harinosa. Mientras combina una con la otra, la grasa se incorpora con la harina en capas delgadas, lo que hace que esta pasta se infle en capas ligeras. No es fácil preparar una cantidad pequeña, así que sugiero que prepare esta porción grande, la divida en 4 porciones (cada una de 350 g) y congele lo que no necesita.

1 Para la mezcla de mantequilla, bata el mascarpone con la mantequilla blanda y la harina. Forme en un cuadrado pequeño y envuelva en película autoadherente.

2 Para hacer la masa de harina, pase la harina y la sal por un cernidor a un tazón, añada la mantequilla líquida y el agua, luego mezcle hasta obtener una masa firme. Amase bien por unos 5 minutos, hasta que esté uniforme y elástica. Forme un cuadro de unos 2 cm de grueso y envuelva en película autoadherente. Refrigere las 2 masas por 6 horas.

3 Desenvuelva la mezcla de mantequilla y la masa de harina. Dibuje una cruz profunda al centro de la masa de harina, corte más o menos a la mitad de su profundidad. Jale hacia afuera los 4 puntos de masa en el centro de la cruz y acomode la mezcla de mantequilla en el centro en un ángulo (como se ilustra a la izquierda).

4 Regrese las puntas de la masa al centro sobre la mezcla de mantequilla para encerrarla (como se ilustra abajo a la izquierda).

5 Extienda las 2 masas juntas con el rodillo, de forma ligera pero firme, sobre una tabla enharinada que tenga de dos a tres veces su extensión y de unos 1.5 cm de grosor. Mantenga rectos los bordes y asegúrese de que la mantequilla no la atraviese. Doble la masa en tres, bajando el tercio de arriba hacia el centro, después doblando el tercio inferior hacia arriba. Este es un "doblez sencillo". (Pasta de hojaldre de pura mantequilla, páginas 206-207). Envuelva con película autoadherente y reserve en el refrigerador de 20 a 30 minutos hasta que endurezca.

6 Dele un cuarto de giro a la masa, para que el doblez quede a la derecha o a la izquierda. Extienda de nuevo con el rodillo y vuelva a doblar, después vuelva a girar un cuarto para que el doblez esté del mismo lado que antes.

7 Extienda la masa una tercera vez. Doble como antes: de arriba al centro, de abajo hacia arriba. Después doble a la mitad otra vez, como una cartera, para hacer un "doblez doble". Envuelva y refrigere hasta endurecer.

8 Extienda y doble de nuevo hacia el mismo lado que la vez anterior. Esto es necesario para que la grasa se distribuya y que la masa se eleve de forma pareja.

9 Extienda con el rodillo una última vez y haga un "doblez sencillo". Envuelva y refrigere. Corte la masa en 4 porciones (o las cantidades que se requieran), y congele las que no necesite de inmediato.

Pasta de hojaldre al minuto

Prepare esta *feuilletage* cuando quiera una pasta ligera, rápida y hojaldrada en un par de minutos. Simplemente se mezcla, amasa, extiende y dobla. Eso es todo. No espere que se esponje tanto como la pasta de hojaldre de pura mantequilla o la pasta hojaldrada de mascarpone, pero definitivamente tendrá una masa ligera y untuosa. Es maravillosa para tartas de fruta y pays de manzana.

PARA PREPARAR 700 g
250 g harina blanca
½ cucharadita de sal marina fina
250 g de mantequilla, a temperatura ambiente
pero no blanda
150 ml de agua fría

1 Cierna la harina y la sal a un tazón grande. Corte la mantequilla en cubitos pequeños y mezcle con la harina (como se ilustra arriba a la izquierda); no la frote para incorporarla.

2 Gradualmente agregue suficiente agua fría como para obtener una masa rústica que esté firme pero no pegajosa. Para hacerlo, mézclela con el reverso de una cuchara de madera en vez de las manos, para mantener la pasta fría (como se ilustra arriba en el centro).

3 Finalmente, junte la masa con sus manos (como se ilustra arriba a la derecha). Cubra con película autoadherente y reserve en el refrigerador por 20 minutos.

4 Voltee la masa sobre una tabla ligeramente enharinada y amase suavemente hasta que esté uniforme, dele forma de rectángulo. Con un rodillo extienda en una sola dirección hasta que tenga aproximadamente 15 x 50 cm. Asegúrese de que los bordes permanezcan rectos y uniformes.

5 Doble la masa en tres: doble el tercio de arriba al centro, después doble el tercio de abajo hacia arriba. Dele a la masa un cuarto de giro a la derecha o izquierda y vuelva a extender de nuevo hasta tres veces su extensión. Doble la masa como lo hizo antes, cubra con película autoadherente y refrigere por al menos 30 minutos antes de extender con el rodillo para usarla.

Barra de brioche

PARA PREPARAR 2 BARRAS GRANDES

500 g de harina blanca

1 sobre de levadura seca

1 cucharadita de sal marina fina

2 cucharadas de azúcar refinado

6 huevos de rancho medianos, batidos

240 g de mantequilla, blanda

1 yema de huevo, batida con una cucharadita
   de agua fría para barnizar

El brioche casero es una revelación. Tiene un sabor maravilloso, y puede ser menos dulce que el brioche comprado en la tienda. Nosotros tostamos rebanadas de brioche para servir con entradas, pero también es perfecto para pudines de verano y pudín de pan. La receta utiliza levadura seca, pues es fácil de conseguir. Si puede conseguir levadura fresca, úsela (creme 15 g con 2 cucharadas de leche tibia y agregue a los huevos batidos). El brioche es una masa muy untuosa, y por lo tanto tarda más tiempo en elevarse que el pan común.

1 Caliente ligeramente el tazón de una batidora eléctrica. Vierta dentro harina, levadura, sal y azúcar, y mezcle suavemente hasta obtener una mezcla uniforme. Con la máquina a baja velocidad, gradualmente agregue los huevos batidos hasta uniformar.

2 Con la batidora todavía a baja velocidad, agregue la mantequilla, una cucharada cada vez. Cuando haya incorporado toda la mantequilla, mezcle por unos 10 minutos más.

3 Cubra el tazón y deje en un lugar calientito, como un área de secado para la ropa, hasta que la masa duplique su tamaño (como se ilustra arriba a la izquierda). Mientras tanto, engrase y enharine 2 moldes de pan o terrinas de 900 g.

4 Golpee la masa levada con una cuchara de madera (como se ilustra arriba a la derecha) y divida a la mitad. Corte cada porción en tres partes y ruede para formar pelotas, usando las manos enharinadas. Coloque en los moldes preparados y presione ligeramente. Cubra con película autoadherente y deje reposar nuevamente en un lugar cálido hasta que se levante y llene tres cuartos de los moldes, de 1 a 3 horas. Este leudado final es vital para un brioche de consistencia ligera.

5 Mientras tanto precaliente el horno a 190°C. Retire la película y barnice las barras de brioche con el glaseado de huevo. Hornee de 30 a 35 minutos hasta que inflen y se doren. Deje en los moldes por 5 minutos más, después desmolde y deje enfriar por completo sobre una rejilla. Use en 1 o 2 días, o congele bien envueltas y use en un máximo de 6 semanas.

referencia

Ingredientes

HARINAS

Usamos dos tipos de harina blanca: una harina suave para todos los usos, como pasteles y algunas masas; y una harina para pan o de fuerza, que tiene alto contenido de gluten y es mejor para ciertas pastas, masas de levadura y algunas otras masas. La harina de arroz es más ligera y mejor para masas tipo tempura, la puede conseguir en tiendas orientales. Note que el arroz molido no es el mismo producto. La maicena no tiene gluten y a veces se combina con harina blanca para suavizarla. También puede usarse para espesar salsas ligeras. La harina de arrurruz y papa se puede usar para preparar glaseados transparentes para flanes.

AZÚCARES

El azúcar refinado es el azúcar más útil para postres, pues se disuelve rápidamente al batirlo con huevos o mantequilla. El azúcar granulado no es adecuado para batir ni cremar, pues permanece arenoso, pero está bien para hacer almíbares, jaleas y mermeladas. Los azúcares menos refinados como el "moreno" tienen un sabor agradable y ligero a caramelo, buenos en los almíbares para las ensaladas de fruta, pero no se disuelven tan bien como sus contrapartes refinados. Cuando es necesario un sabor más intenso —en algunos pudines dulces— me gusta usar un azúcar mascabado, no se crema tan bien para *mousses* o pasteles ligeros, pero se puede usar si se mezcla la mitad con azúcar refinado.

Las mieles saborizadas con esencias acentúan los helados, almíbares y frutas asadas, pero solo se deben usar mitad y mitad con azúcar o su sabor puede dominar un postre. Las de acacia, tomillo y flor de azahar son mis favoritas.

GRASAS

En mi opinión, no existe sustituto alguno para el sabor o textura de la mantequilla. Nosotros usamos mantequilla de Normandía o de Holanda, las dos sin sal o ligeramente saladas. Si una receta requiere mantequilla blanda, recuerde sacarla del refrigerador la noche anterior, o con mucha antelación. Un paquete refrigerado de mantequilla toma de 4 a 6 horas para llegar a la consistencia correcta para cremar. Si olvidó ablandarla: corte cubos pequeños, coloque en un tazón y meta unos segundos en el microondas, a temperatura baja para que no se derrita. Yo engraso los moldes de pastel y de *soufflé* con mantequilla blanda (página 98), pero puede usar un aceite insípido si prefiere, como el de girasol.

Algunas de mis recetas de pastel indican mantequilla dorada, que otorga un delicioso sabor a nuez. Se prepara al derretir la mantequilla y cuando comienza a dorarse, pásela por una manta de cielo para eliminar los sólidos. Enfríe a temperatura ambiente antes de usar. La mantequilla clarificada se hace de la misma manera, pero sin dorarla.

LECHES Y CREMAS

La crema se encuentra con diferentes contenidos de grasa, desde la crema líquida ligera hasta la nata ultra espesa. La crema para batir (*double cream*) con contenido de grasa de 48% es la que usamos con más frecuencia. Se puede batir con facilidad para obtener picos firmes y esponjosos, perfecta para incorporar en postres fríos. Con un contenido graso de 35%, la crema para batir normal (*whipping cream*) es más ligera e ideal para crema chantilly o postres suaves y cremosos, pero no es buena para mis *mousses* o helados. La crema de contenido graso de 18% es adecuada para servir como una crema ligera. La crema ácida tiene el mismo contenido graso, y a veces se utiliza en los *cheesecakes*.

La *crème fraîche* tiene el mismo contenido graso que la doble crema y, aunque parece cuajarse en el bote, también se puede batir. La *crème fraîche* de grasa reducida es más adecuada para servir a cucharadas o rociar.

El yogurt griego espeso contiene alrededor de 10% de grasa y da un sabor untuoso y cremoso a los postres. Los yogures naturales pueden variar de 5% a casi libres de grasa. El *fromage frais* se puede servir a cucharadas encima de compotas y frutas asadas calientes para agregar una ligera intensidad ácida. Hay con dos niveles de grasa: 8% y cerca de 0%. Sin embargo, si hay que calentar el *fromage frais*, debe estabilizarlo primero con un poco de harina o una yema de huevo para evitar que se corte.

Cuando una receta indica leche, en general uso leche entera, pero notará que algunas de mis recetas —natillas y *crèmes brûlées*— dicen "UHT" o "ultrapasteurizada". Encuentro que es más estable al cocinarla; quizá porque ha sido tratada con calor, lo que estabiliza la grasa.

Equipo

La repostería y pastelería son formas bastante exactas de cocinar. Aunque hay lugar para la creatividad, por ejemplo en las ensaladas de fruta o las frutas asadas, para las recetas que requieren de medidas, técnicas culinarias específicas y control de temperatura, es útil tener las herramientas correctas. Gran parte de las que se usan son de calidad profesional y duran muchos años. Mi consejo es que compre el equipo de la mejor calidad que pueda comprar, porque dura y dura.

PESAR Y MEDIR

Pesar con cuidado es importante para hornear, nosotros utilizamos básculas digitales de baterías para medir con precisión las cantidades pequeñas. Si no, sugiero una báscula tradicional con un juego de pesas métricas que vayan de 5 g a 2 kg. Evite las básculas de peso de muelle para medir cantidades pequeñas, no son ni precisas ni de fácil lectura. Los tiempos se indican en las recetas, pero como hay diferentes circunstancias y no hay dos cocineros que trabajen igual, estas solo pueden ser aproximadas. Un termómetro elimina la especulación. Uno de caramelo es básico si su intención es hacer *pâte à bombe*, merengue, almíbar, caramelo, etc. También es invaluable para salsas como la crema inglesa, un par de segundos más o menos hacen toda la diferencia entre una natilla aterciopelada y un desastre cortado. Los hornos son muy variables, y aunque un termómetro para el horno es útil, creo que es más importante que conozca su propio horno. Use las descripciones de color y textura como refuerzo para definir los tiempos.

CHAROLAS Y MOLDES PARA HORNEAR

Una extravagancia que recomendaría es comprar las mejores charolas metálicas para hornear que pueda conseguir. Deben ser pesadas para conducir el calor uniformemente, pero encontrará que también son útiles para colocar sobre ciertas galletas mientras se enfrían, para aplanarlas. Es importante una lámina para hornear pesada. Incluso si está horneando una base para natilla en una flanera, debería colocar el molde en una lámina de metal pesada para promover la cocción de la base. Y sugeriría que tenga por lo menos tres láminas para hornear, para que pueda hornear con facilidad galletas, *tuiles*, etc., en tandas.

Los moldes de metal para pastel no deben combarse. En vez de lavarlos después de cada uso, preferimos limpiarlos con un trapo húmedo mientras aún están calientes, para que formen una pátina natural antiadherente. Los moldes de fondo removible con bordes que se pueden abrir y cerrar son ideales para pasteles suaves, como *cheesecakes*, y tener de distintos tamaños le resultará útil. Si prepara esponjas a menudo, quizás quiera comprar 1 o 2 moldes *moule à manque*, que son especiales para pastel con bordes inclinados. Los moldes para panqué sirven para *parfaits* y terrinas de fruta. Para el brioche, puede comprar moldes tradicionales acanalados, pero nosotros a menudo usamos moldes para panqué para los brioches grandes, y moldes de muffin para los pequeños. Los moldes dariole también se pueden usar para pasteles y bavaresas individuales.

Los moldes para jalea vienen en muchas formas y tamaños; el más útil es el de 1 l. Los moldes ornamentados pueden ser atractivos para jaleas y bavaresas, pero preferimos usar los de porcelana para terrina porque no se sobrecalientan al remojarlos en agua caliente para desmoldar.

FORROS

Muchas recetas requieren forros antiadherentes. El papel para hornear es adecuado para forrar moldes y charolas para hornear pasteles, galletas, chocolates pequeños, etc., pero no para secar mezclas húmedas como frutas remojadas en almíbar. Para estas, los manteles de silicón son mejores. Los venden de las marcas Teflon o Bake-o-Glide y son reutilizables. Recubiertos duran meses, incluso años, requiriendo tan solo limpiarse con un trapo caliente.

RECIPIENTES, BATIDORES Y CERNIDORES

Los tazones para mezclar deben ser lo suficientemente anchos para facilitar el batido. Necesitará una variedad de tamaños. Nosotros usamos tazones de vidrio, pero para batir a mano las claras de huevo y la crema, a menudo empleamos tazones de acero inoxidable de fondo redondo, pues garantizan que alcanzaremos todos los contenidos con el batidor. Estos tazones además caben cómodamente en una olla cuando se tiene que batir sobre agua caliente. Un batidor de globo es el mejor para incorporar aire en la mezcla a mano, pero para muchos propósitos es más conveniente usar una batidora eléctrica, ya sea manual o de pedestal. Como funcionan tan rápidamente, debe estar pendiente de ellas.

Los coladores finos redondos son esenciales para cernir harinas con agentes leudantes, y para el azúcar glas y la cocoa en polvo. Los coladores cónicos de malla fina son una mejor opción para las salsas como la crema inglesa, porque garantizan una consistencia uniforme. Utilice un colador de malla mediana cuando la instrucción sea pasar un puré por un colador con la parte posterior de un cucharón. Para las jaleas y líquidos transparentes, a menudo forramos el colador con manta de cielo o muselina. La puede comprar por metro en una tienda de telas o por pieza en el mercado.

HERRAMIENTAS PASTELERAS

Mis untuosas masas suaves de mantequilla quedan mejor si las extiende con rodillo sobre placas de mármol que las mantienen frías. Como son porosas y absorben los sabores, es mejor usar solo una para ese propósito. También vale la pena invertir en un buen rodillo: un cilindro largo de madera, sencillo, sin manijas para poder ejercer una presión pareja. Las brochas se necesitan para engrasar tazones y moldes, así como para cepillar el exceso de harina de la masa y barnizar tartas, pays, etc. Sugiero que tenga por lo menos tres; de hecho, encontramos que las brochas pequeñas de decorador son mejores para la mayoría de las tareas. Los chefs pasteleros tienen fe absoluta en sus raspadores de masa de plástico flexible que limpian mezclas de manera efectiva en moldes de pastel y tazones.
De igual manera, las espátulas pasteleras también deben ser muy flexibles.

CUCHILLOS Y HERRAMIENTAS PARA CORTAR

Se necesitan cuchillos de sierra para fruta, para segmentar naranjas y rebanar manzanas y peras. Las espátulas flexibles son básicas, en particular las de tamaño mediano y pequeño. Son las mejores herramientas para deslizar las galletas y *tuiles*, para retirarlas de las charolas, para nivelar las superficies de *soufflés* y *mousses*. Una mandolina es perfecta para cortar rebanadas delgadísimas de frutas firmes. Las marcas japonesas son excelentes.

Una selección de cortadores de galletas es muy útil, en particular en el rango de 5 a 7 cm. Los usamos para moldear postres para una presentación atractiva, así como para recortar círculos de masa. Nuestros moldes están hechos por

Matpher y se pueden comprar en tiendas de equipo de cocina profesional.

ELECTRODOMÉSTICOS PEQUEÑOS

Hay unos cuantos aparatos eléctricos útiles en los cuales quizá quiera invertir. Para combinar y espumar al instante no hay como el mejor amigo del chef, las licuadoras de mano. En nuestro caso, somos rudos con la nuestra, pero hay marcas domésticas para un uso menos intenso. Si prefiere, puede usar un procesador de alimentos o licuadora de pedestal para hacer purés y mezclar. Una batidora eléctrica de mano es ideal para batir huevos y almíbar para el *pâte à bombe*, el merengue italiano o cantidades pequeñas de crema. Una batidora de pedestal es útil si tiene el espacio para una. Si le agradan las nieves caseras, una máquina para hacer helados que bate mientras congela lo premiará con nieves y sorbetes de consistencias suaves y cremosas; bien valen la pena, especialmente si tiene invitados a menudo.

PROVEEDORES ÚTILES

Muchas tiendas de cocina *chic* y tiendas departamentales venden ollas, sartenes, platos y aparatos pequeños de diseño, pero la durabilidad de estos artículos rara vez es tan buena como los que se encuentran en tiendas profesionales. Algunos de estos tienen tiendas minoristas, con artículos a medida doméstica.

En Inglaterra, algunas de estas tiendas son:
Hansens 306–306a Fulham Road, Londres SW10 (020 7351 6933); Divertimenti 227–229 Brompton Road, Londres SW3 (020 7581 8065) y 32–34 Marylebone High Street, Londres W1 (020 7935 0689); Pages 121 Shaftesbury Avenue, Londres WC2 (0845 373 4017); David Mellor 4 Sloane Square, Londres SW1 (020 7730 4259) y The Round Building, Hathersage, Sheffield (01433 650220).

Para comprar por correo:
Continental Chef Supplies (www.chefs.co.uk);
Scott & Sargeant (www.scottsargeant.com);
Cucina Direct (www.cucinadirect.com);
David Mellor (davidmellordesign.com).

Glosario de términos culinarios

AMASAR Manipular la masa con las manos sobre una tabla ligeramente enharinada. La mayoría de las masas deben mezclarse ligeramente para que queden suaves antes de extenderlas con el rodillo. Las masas de levadura se mezclan con más vigor usando el talón de la mano y una acción de golpes para fortalecer y desarrollar el gluten.

BAÑO MARÍA Baño de agua en el que un platillo se cocina a temperatura moderada para que la mezcla no se cueza de más ni se corte, y que los bordes no queden demasiado crujientes. En el horno, una charola para hornear rellena a la mitad de agua hirviendo sirve como baño María. Encima de la estufa, la mezcla se coloca en un tazón refractario con 5 a 7 cm de agua que hierve suavemente.

BATIR Incorporar aire a un ingrediente o mezcla al agitar rápidamente con un batidor de globo o eléctrico. Los ingredientes como la crema y las claras de huevo se pueden batir hasta varias etapas; por ejemplo, ligeramente espesa, con picos suaves o picos firmes. La crema batida en 3/4 (batida hasta que se espesa y forme suaves picos blandos) tiene una buena consistencia para incorporar a los *mousses*.

BLANQUEAR Remojar brevemente comida sin cocinar en agua, almíbar o aceite hirviendo para sellar el exterior o cocinarlo a medias. Esto puede tomar menos de un minuto, pocos minutos máximo. Después se refresca (página siguiente).

BRÛLÉE Literalmente se traduce como "quemada"; describe un postre con base de crema, con una capa uniforme de azúcar moreno o refinado espolvoreada encima y después caramelizada, ya sea con un soplete o una parrilla muy caliente.

CARAMELIZAR Calentar azúcar derretido o almíbar hasta que se dore y forme un caramelo. También aplica a comida cocinada en un sartén seco y caliente para que los azúcares naturales se doren, lo que acentúa el sabor. A veces las frutas se barnizan primero con mantequilla y se revuelven con azúcar, para acelerar el proceso.

COLAR Pasar un líquido por un colador para asegurarse de que esté completamente libre de partículas diminutas. A veces es necesario presionar la mezcla con la parte posterior de un cucharón.

CONFIT Frutas cocinadas muy lentamente sumergidas en un almíbar, después servidas como "guarnición", como una especie de *relish* dulce. Nosotros confitamos la cáscara de cítricos para servir junto a las tartas. Al sumergirlas en almíbar, se conservan por lo menos de 2 a 3 meses en el refrigerador.

COULIS Una salsa sedosa de fruta preparada con un puré de frutas y almíbar.

CORTAR Sin querer, ciertas salsas y mezclas cremosas se pueden separar al sobrecalentarlas o al mezclarlas con alimentos ácidos. Se cortan debido a las proteínas de la crema o los huevos que se coagulan y forman pequeños grumos. Para evitar que esto suceda, las mezclas sensibles al calor deben calentarse con cuidado y no debe permitir que hiervan. Otra opción es estabilizarlas con un almidón, como maicena.

DECANTAR Verter un líquido de una botella a otra botella o jarra. Esto se hace lentamente para que cualquier sedimento en la base de la botella quede atrás y se pueda desechar.

DESGLASAR Verter un poco de alcohol o algún otro líquido en un sartén caliente y mezclar vigorosamente para suavizar cualquier residuo, y mezclar con los jugos de la bandeja para que se puedan usar para una salsa. El líquido se evapora un poco para concentrar el sabor. Por ejemplo, una copita de vino se puede usar para desglasar un sartén en el que se caramelizó fruta con mantequilla y azúcar.

ESCALFAR Cocinar comida en un líquido que se mantiene justo antes del punto de ebullición. El líquido debería apenas burbujear. Por ejemplo, la fruta puede escalfarse en un almíbar ligero para que se mantenga entera.

ESPOLVOREAR Esparcir por encima una capa ligera de azúcar glas, harina, cocoa en polvo o especias molidas, pasándolos ligeramente por un cernidor.

FILO Una delgadísima masa que se extendió sin rodillo hasta obtener láminas delgadas, y que se vende en paquetes o cajas. Se ensambla en capas con mantequilla derretida o aceite. La pasta filo debe mantenerse cubierta para evitar que se reseque.

FLAMEAR Encender una mezcla que contiene alcohol —usualmente en un sartén para saltear— para quemar el alcohol y concentrar y suavizar el sabor.

GLASEAR Y BARNIZAR Aplicar una capa a la comida antes o después de cocinar para darle un acabado brillante y atractivo. La fruta se puede glasear con *coulis* o almíbar. Las masas y panes a menudo se barnizan con huevo batido.

HORNEAR EN BLANCO Hornear una cubierta de masa sin relleno hasta que esté cocida y crujiente. La masa se coloca y presiona sobre un molde o flanera colocado sobre una charola para hornear, cubierto de papel aluminio o papel para hornear y relleno de frijoles o arroz, para evitar que se infle (página 122.)

INCORPORAR Combinar al menos dos mezclas suavemente con una cuchara grande de metal para retener la textura ligera. La cuchara se mueve como si se formaran figuras de ocho, para que levante e incorpore la mezcla de la base del tazón. Usualmente una de las mezclas es claras de huevo o crema batida.

INFUSIÓN Sumergir ingredientes saborizantes, como hierbas, cáscara de cítricos o vainas de vainilla, en almíbar, leche u otro líquido caliente para impartirle un sabor y aroma sutiles. Usualmente se agregan al líquido recién hervido y se deja reposar un rato antes de retirarlos.

JULIANA Alimento rebanado muy finamente.

JUS El jugo puro extraído de la fruta sin agua o almíbar adicional. Nosotros extraemos *jus* puro de fresas en baño María, por ejemplo, y hacemos *jus* de manzanas al colar manzanas frescas (sin cocinar) hechas puré.

LEUDADO FINAL La segunda vez que se leuda la masa de levadura, después de haberla golpeado y formado.

LIGAR Mezclar un líquido como huevo batido o agua con masa u otra mezcla seca para juntarla.

MACERAR Macerar frutos en un líquido, usualmente un almíbar o alcohol, para darles sabor y suavizarlos.

MI-CUIT Frutos secos, como ciruelas pasa o chabacanos, que se cocieron un poco para que no haya que remojarlos antes de usar.

MONDAR Pelar finamente la cáscara de una fruta con un cuchillo pequeño y filoso o un pelapapas.

PECTINA Un carbohidrato presente en la fruta, en particular las ácidas, que cuaja al combinarla y calentarla con azúcar.

PESAS PARA HORNEAR Se pueden utilizar frijoles o arroz como peso sobre la masa al hornear en blanco. También hay pesas de cerámica.

PUNTO DE HERVOR Llevar leche o crema justo antes del punto de ebullición. Se alcanza una vez que el líquido comienza a hacer espuma en el borde de la olla, justo antes de que comience a subirse por los bordes.

PUNTO DE LISTÓN Batir yemas de huevo y azúcar, a menudo en baño María, hasta que la mezcla forme una espuma tan espesa como para dejar un hilo cuando se levanta un poco de la mezcla con la batidora y vuelve a caer en el tazón.

PURÉ Licuar o colar alimentos como fruta hasta obtener una pulpa homogénea. Las moras y frutas suaves se pueden hacer crudas; otras frutas pueden requerir primero cocción ligera.

REBAJAR Diluir un líquido o una mezcla con otra más líquida.

REDUCIR Hervir un líquido en una olla amplia sin cubrir para que se evapore algo del agua y se concentre el sabor.

REFRESCAR Colocar comida recién blanqueada en agua helada para detener la cocción y bajar la temperatura rápidamente.

REMOJAR Dejar ingredientes en líquido para suavizarlos.

ROCIAR Verter los jugos de la charola para hornear o el almíbar sobre alimentos mientras se cocinan para mantenerlos húmedos y alentarlos a que se caramelicen.

Vinos para acompañar los postres

Para el momento en que llega al postre en una comida formal, puede sentir que una copa de vino dulce se acerca mucho al exceso. Pero, al contrario, una copita de vino dulce bien escogido puede realmente acentuar un postre. Los *sommeliers* quisquillosos prefieren el término "vino dulce" a "vino de postre", para no sugerir que estos vinos se limitan a eso. Los vinos dulces son un grupo diverso, así que es útil tener conocimiento de sus variedades; desde el tinto hasta el blanco, el espumoso y sin burbujas, pesado o ligero, alto o bajo en alcohol.

VINOS DULCES DEL MUNDO

Muchos países con producción de vino, desde Francia hasta Rumania y Hungría, llevan siglos haciendo vinos dulces deliciosos y complejos. Como con todos los vinos, la variedad de la uva y la viticultura determinan el sabor, cuerpo y carácter. Para algunos vinos dulces, las uvas se dejan en la vid para madurar más y desarrollar una descomposición especial provocada por moho, conocida como *botrytis cinerea* o "podredumbre noble". Esto hace que las uvas se marchiten y se intensifiquen los azúcares naturales.

Francia produce algunos de los vinos dulces más famosos. Los más conocidos vienen de Sauternes, en la región de Burdeos, con nombres reconocidos como Barsac, Cadillac y Cérons, y al sur de Burdeos desde Monbazillac en Bergerac, y Jurançon en las faldas de los Pirineos. La podredumbre noble de la uva *sémillon* es un desafío para el viticultor, pues no todas las uvas se marchitan al mismo tiempo, ni siquiera en el mismo racimo. Los recolectores a veces se ven obligados a usar pincitas para extraer cada uva. En general, los vinos de esta región desarrollan un intenso color dorado y sabor cítrico que recuerda la mermelada de naranja. Más al norte, en el valle de la Loire, en Coteaux-du-Layon, Bonnezeaux y Quarts-de-Chaume, la uva *chenin blanc* produce vinos de estilo más ligero y fresco con acentos de piña y miel.

Alsace, en la frontera alemana, es el hogar de las uvas *gewürztraminer* y *tokay pinot gris*. Los vinos que se producen a partir de estas uvas tienen una complejidad especiada e intensa, buena no solo con postres sino también con *foie gras* y *pâtés*. Con los vinos de Alsacia, ayuda conocer un poco del lenguaje de las etiquetas. VT o *vendange tardive* es el vino de la uvas cosechadas tarde, e implica más dulzura o fuerza. El más ligero estilo de SGN *sélection des grains nobles* se produce a partir de uvas seleccionadas a mano, bien maduras, y poseen un excelente sabor.

El vino dulce de paja y con acentos a nuez, el *vin de paille*, se puede encontrar en el valle del Ródano; son uvas que se secaron sobre paja para concentrar los azúcares naturales. Más al sur están los *vin doux naturels*, vinos en los que se detuvo la fermentación natural con licor de uva añadido. Entre estos se encuentran favoritos como el Muscat de Beaumes-de-Venise y Muscat de Lunel, y vinos más robustos tipo oporto, como los de Banyuls y Maury.

España produce vinos dulces con las uvas Pedro Ximénez (PX), en forma de jereces robustos y exquisitos. Jerez de la Frontera es famoso por sus jereces, y surgen estilos similares de Málaga y Madeira. Estos vinos viscosos y de colores profundos están repletos de aromas a nueces, caramelo y pasas. Contrastan con el cítrico más ligero del Moscatel de Valencia de la costa oriental de España. Portugal, por supuesto, es reconocido por su oporto, el clásico vino dulce fortificado, de aroma intenso a frutos negros y concentrado y con mayor grado de alcohol.

Italia nos da el famoso *vin santo* de la Toscana, mientras que los finos vinos Recioto de Verona se prensan con uvas secadas en paja y cosechadas tarde, y desarrollan sabores especiados y florales con aromas a durazno y naranja.

Alemania y Austria producen unos vinos dulces fabulosos. Los mejores son de la versátil uva *riesling* y ofrecen una gran variedad de sabores, desde buqués florales muy delicados con notas ligeras de manzana y madreselva, hasta sabores más intensos con notas de mango exótico y piña. Las etiquetas alemanas góticas son confusas, así que ayuda entender la terminología. Los *auslese*, producidos de racimos elegidos especialmente, son vinos poco dulces; *beerenauslese* (BA) son vinos de racimos sobremaduros; *trockenbeerenauslese* (TBA) están hechos de uvas afectadas por la podredumbre noble; los excelsos *Eiswein* son vinos de uvas cosechadas y aplastadas mientras todavía están congeladas.

Muchos bodegueros también tienen vinos dulces de otras partes del mundo. En Europa del Este hay tradiciones de hacer vinos dulces tan antiguas como las de Burdeos. El más famoso es el Tokaji húngaro, un vino único, altamente preciado durante siglos por conocedores por sus distintivos aromas complejos de caramelo, naranja confitada y plátano seco.

Chipre produce el intensamente dulce St. John Commandaria a partir de uvas secadas al sol. Sicilia es famosa por los vinos Marsala, que sirven no solo para sorberlos lentamente, sino para aromatizar postres como el *zabaglione* y los *trifles*.

Sudáfrica es hogar del vino dulce Constantia, que en algún tiempo tuvo más demanda que Sauternes. A los entusiastas de los vinos australianos podría gustarles sorber los pesados y espesos licores de uva moscatel de Rutherglen y Mudgee, o los vinos *botrytis* de Nueva Zelanda. En Estados Unidos, los vinateros californianos producen excelentes *riesling* y moscatel negro dulce. Hasta los canadienses están aprovechando su fresco clima para hacer unos vinos de hielo notables.

MARIDAJE DE VINOS DULCES Y POSTRES

Cuando llega el momento de escoger un vino dulce para una comida, considere los niveles de dulzura tanto del postre como del vino. Un vino ligero servido con un postre intenso en general sabrá delgado y aguado. Al contrario, un platillo muy afrutado normalmente se beneficia de un vino de alta acidez. Pero este principio no siempre aplica, así que prepárese para experimentar. Por ejemplo, un ligero y semi-espumoso Moscato o Prosecco tendrá el efecto refrescante de limpiar el paladar con un postre pesado de esponja de fruta. Dicho eso, las siguientes pautas generales aplican.

Ensaladas de frutas Escoja vinos hechos de *riesling* o uvas *chenin blanc* con alta acidez frutal. Pruebe vinos alemanes de por lo menos nivel *auslese*, vinos del valle de la Loire, dulces *Rieslings* y *Jurançons* australianos. *Recioto di Soave* es un buen maridaje para postres con naranjas o plátanos. Si la ensalada de fruta incluye un almíbar especiado o una infusión de hierbas como la albahaca, entonces considere los *Gewürztraminers* alsacianos (nivel SGN) o un Muscat fortificado del sur de Francia. Si está preparando la ensalada de fruta usted mismo, macere la fruta primero en un poco del vino, para arrancar el maridaje perfecto. Si un postre de fruta, como una jalea, se aromatizó con un licor como Malibu, sirva un *shot* adicional para acompañarlo.

Sorbetes y helados Los suaves matices de un vino dulce pueden ser ocultados por las temperaturas bajas, así que es mejor servir los vinos de sabor intenso que retienen el carácter al enfriarlos. Para la clásica combinación de chocolate y naranja, pruebe los cítricos Muscats con helados de chocolate. Los vinos de la Loire con aroma a manzana son excelentes con un helado ligero de caramelo o canela, mientras que el helado clásico de vainilla queda divino con un buen *shot* de robusto

jerez PX rociado encima. Los vinos espumantes bien fríos de buena acidez son estupendos con los sorbetes de fruta pero no con helados de crema. O complemente un sorbete con un licor frutal apropiado, como el de pera, fresa, membrillo, chabacano o frambuesa; o incluso una copa de Calvados con sorbete de manzana.

Mousses Los vinos espumantes van bien con estos postres. Un dulce ligero y de consistencia espumosa queda fabuloso con un Moscato d'Asti del Piemonte italiano, o un *demi-sec* Loire Moelleux, mientras que un espumante australiano más intenso queda mejor con un *mousse* tropical de mango. Para acompañar un *mousse* de chocolate, sirva copas pequeñas de intenso Bual fortificado de Madeira.

Postres de chocolate A veces se consideran difíciles de maridar con vino, pues el chocolate tiene un pesado efecto de recubrimiento sobre el paladar, pero acepte el desafío y pruebe opciones menos tradicionales. Los postres más ligeros de leche y chocolate blanco quedan bien con moscateles florales como Rivesaltes, Lunel o Beaumes-de-Venise del sur de Francia. Los postres más pesados de chocolate amargo van bien con los vinos fortificados: jerez, Madeira y oportos de embotellamiento tardío (LBV). También puede servir un Tokaji húngaro, Rutherglen australiano o moscatel negro californiano. Para los postres de chocolate y naranja, opte por Monbazillac o Saussignac de Bordeaux, y si el postre contiene un licor, entonces sirva un *shot* adicional del mismo para acompañarlo. En Navidad sirva postres de castaña y chocolate con Pineau des Charentes francés, un jugo de uva fortificado con Cognac.

Caramelo y mantequilla escocesa Estos sabores van bien con los vinos dulces, especialmente los hechos con uvas de podredumbre noble. Sauternes de las grandes cosechas del '83 con muchos tonos de *botrytis* y mermelada de naranja son maravillosos con simples *crème caramels*, así como el Tokaji húngaro y el *vin santo* italiano.

Navidad Esta es una excusa para consentirse con algunos de los grandes vinos dulces que acentúan todos esos maravillosos sabores de especias, frutos secos y nueces: jereces olorosos endulzados con uvas PX, oportos LBV, Madeira boal, el Málaga dulce, así como los grandes vinos dulces clásicos del mundo.

Finalmente, algunos de los vinos dulces más finos del mundo son mejores si los disfruta como un postre en sí. ¡No cabe duda de que cualquier postre quedaría en segundo plano junto a una botella de Château d'Yquem '67!

Índice temático

Debo agradecer personalm... chef principal
de mi restaurante en Che... ...rgeant,
por sacrificar sus sábad... ...a;
y a Thierry Besselieure d... ...leras.
Para completar los aport... ...helsea, pasó
muchas horas perfeccio...

Agradecimientos

Quisiera extenderle mi ... ...libro:
a Georgia Glynn Smith ... ...dos
en que hubiera preferid... ...tante en esas
ocasiones); a Helen Lev... ...anet lllsley
por su gentil persuasió... ...a en jefe;
y a Anne Furniss, direct... ...ue todos
estaban haciendo su tr... ...epcional.

Roz Denny también qui... ...s resultados
de prueba tras prueba ... ...cada postre.
El equipo también agra... ...o Gelato 2000
que se utiliza en las fot... ...fuera de
temporada para las tor...